一本你希望父母讀過的書

孩子也會慶幸你讀過

The Book You Wish Your Parents Had Read

(and Your Children Will be Glad That You Did)

Philippa Perry 菲莉帕・派瑞——著　洪慧芳——譯

謹獻給——

摯愛的妹妹 貝琳達

目錄

前言

這不是一本簡單的親子教養書。

我不打算詳細說明怎麼教孩子如廁或斷奶。

這本書講的是如何培養親子關係，什麼因素阻礙了親子溝通，怎麼做可以讓親子關係更加深厚。

這本書談的是我們從上一代獲得的親子教養，以及那些教養方式對我們養兒育女的影響，也談到我們在親子教養上可能犯下的錯誤——尤其是那些我們從來不想犯的錯——以及該如何解決。

在這本書中，你不會看到很多訣竅、心法或教養技巧。有時書裡的內容可能會讓你覺得有些不服氣、生氣，或讓你能變成更好的父母。

我寫下這本希望我初為人母時就能讀過的書。我也覺得，要是我父母以前就讀過這本書，那該有多好。

簡介

最近，我看了搞笑藝人麥克．麥金泰（Michael McIntyre）的脫口秀節目。他在節目中說，我們需要幫孩子做四件事：幫他們穿衣，餵他們吃飯，給他們洗澡，哄他們睡覺。他說，他當爸之前有個幻想，他以為家長就是在草地上恣意地奔跑與野餐，但實際上每天面對孩子都是一場永無止境的戰鬥，你得一直幫他們做那四件基本的事情。他描述他如何好說歹說地哄孩子洗頭、穿外套、出門或吃蔬菜時，全場哄堂大笑。那是父母的笑聲，也許是像我們這樣的父母，大家都是過來人。為人父母[1]是件苦差事，那可能很無聊、令人沮喪、失望透頂、傷透腦筋，但同時也是你經歷過最有趣、最快樂、最有愛、最棒的事情。

當你忙著換尿布，為孩子生病忙得焦頭爛額，忙著應付孩子的脾氣（幼兒和青少年），或上一天班回到家，開始處理真正的課題時（包括從兒童座椅的縫細刮除殘留的香蕉，或是收到校長再次來信，請你去學校一趟），你很難客觀地看待為人父母這件事。這本書的目的是要帶你從大處著眼，幫你退一步瞭解大局，看清楚哪些重要、哪些不重要，以及怎麼幫孩子成為他們想要的樣子。

親子教養的核心，在於你和孩子之間的關係。如果人是植物的話，關係就是土壤。關係支持及滋養著孩子，讓孩子得以成長（或抑制成長）。少了可依靠的關係，孩子的安全感就會受損。你會希望親子關係變成孩子獲得力量的泉源，將來也成為他們的孩子獲得力量的泉源。

身為心理治療師，我曾聽一些在親子教養上遇到不同挑戰的人談論經驗。透過這個工作，我有機會觀察親子關係是如何變調的，以及如何讓它恢復正常運作。這本書的目的，是想跟大家分享親子教育上真正重要的東西，這包括如何處理你和孩子的感受；如何傾聽孩子，以便更瞭解他們；如何與孩子建立真正的聯繫，而不是陷入令人疲憊的衝突或退縮的模式。

我是從長遠的角度來看待親子教養的問題，而不是靠一些小技巧或訣竅來馴養孩子。我感興趣的是如何與孩子相處，而不是如何操縱他們。在這本書中，我鼓勵你回顧自己嬰幼兒時期及童年的經歷，以便把自己成長過程中獲得的效益傳遞到下一代身上，也避免把以前吃過的苦複製到孩子身上。我會把重點放在如何使所有的關係變得更好，讓孩子可以在那些和諧的關係中成長。我也會談到懷孕時期的態度，可能對未來的親子關係產生什麼影響，以及如何與嬰兒、幼童、青少年、成年的孩子相處，好讓親子關係變成孩子獲得力量以及你獲得成就感的泉源，並且在過程中大幅減少為了讓他們穿衣、吃飯、洗澡、睡覺而引發的爭吵。

這本書是為了那些不僅愛孩子，也想要喜歡孩子的父母而寫的。

1：我使用「父母」這個詞時，是指負責照顧孩子的人，無論是親生或法律上的親子關係，還是近親或摯友。換句話說，書中所指的「父母」和「主要照顧者」是互通的。有時我會使用「照顧者」這個詞，那可以指父母、代理父母、繼父母、有償或無償的幫手，或是對孩子負有主要責任的任何人。

好評推薦

「演講上千場，發現到親子之間最重要的東西，其實只有『關係』而已。親子關係深厚，我們說的教養話語，孩子才願意聽得進去。關係緊密，孩子才願意說出內心話，與我們進行溝通。而關係的累積，父母絕對是掌控者，因為孩子都是非常的渴望得到爸媽的愛，可惜的是，父母對孩子的愛，往往卻用錯了方法。我們如何對待孩子，往往是受到過往成長的影響。讓我們透過這本書，能更加瞭解自己，重新建立與孩子牢不可破的親子關係吧。」

——親職教育講師　魏瑋志（澤爸）

推薦序

面對自己內心的孩子，學習當一個更好的自己、更好的父母

資深國小教師　沈雅琪（神老師）

我的母親有一個朋友每次見到媽媽，都勸她說女孩子讀那麼多書做什麼？反正最後還不是要生小孩、煮飯做家事？那又何必那麼辛苦栽培？高中畢業就可以去工作了，不然很快嫁了就不會拿錢回家了。尤其是母親有五個女兒，在那長輩的眼裡根本就是無法回收的賠錢貨。

母親自己在國小畢業時成績優異，很希望能夠繼續升學，但是環境不允許，她國小畢業就得開始幫忙家裡的農務、去當美髮學徒開始工作。對她來說，沒辦法繼續升學、沒辦法完成夢想是一輩子的遺憾，她不願意我們過同樣的生活，所以不斷鼓勵我們六個孩子讀書，支持我們朝著自己的興趣去努力。

養六個孩子這樣沉重的生活重擔，沒有讓她放棄她的想法，總是鼓勵我們能讀就讀，

每個學期標會來付學費，為了省下外食的錢，不管工作多麼忙碌，她總是早起做早餐、每天煮晚餐、家務……，我從來沒有聽過她抱怨過這麼辛苦的生活。

我們六個孩子從她身上學到的，就是努力學習，面對所有的困難想盡辦法面對，可以含淚奮戰，從不撒手放棄。對於自己孩子的教育，我們也抱持著提供資源，讓願意讀的孩子好好讀書、盡所有可能的照顧孩子的生活。

當年勸母親不需要栽培孩子的長輩，其家中幾個孩子對於學習都是意興闌珊，也不想好好工作，只想等著領遺產。當父母覺得讀書不重要、對工作的態度隨便，我們透漏給孩子的訊息，就是不需要在這方面努力。

我們不只承襲了父母的血統，也延續了父母生活的態度，從父母指向的角度去看世界。父母對待孩子的方式當下或許只是一個動作、一句話，但是影響卻很深遠。

閱讀這本《一本你希望父母讀過的書》，裡面提到很多父母對於孩子的影響，來自原生家庭、父母的教育和照顧，我們用環境對待我們的方式來對待自己的孩子，很多不自覺的批判和傷害，來自我們曾經承受過的對待。

看到書裡的每一則小故事，我都在思考自己在對待孩子時，是否也有相同的狀況？是不是總是用自己的觀點去批判孩子的努力？有沒有忽略了孩子要跟我們分享的小喜悅？總是站在自己的角度去看待孩子的期待？我們帶著孩子用什麼角度看風景？不只是思考和檢視，也透過作者提供的方法去練習改變既有的思考模式、用不同的方式與孩子相處。

要如何面對自己內心的那個孩子，如何終止不當的管教延續到孩子身上，是一門值得深思的課題。這是一本我覺得很重要的一本書，不去評斷自己，也不批評自己的教養方式，而是重新認識自我，學習當一個更好的自己、更好的父母。

推薦序

等你當了父母就會懂！

諮商心理師，親子教養作家　陳志恆

小時候，當我抱怨父母時，我父母總會說：「等你當了父母就會懂！」我想，他們是想告訴我，每個父母對孩子都是多麼的用心良苦。

但這句話背後，似乎也傳達出一個意涵，等我們有了孩子後，就明白了一切，也自然而然地學會如何教養孩子。所以，在我成為一個父親前，即使我早就是親子教養方面的專家，專門處理各種親子衝突或孩子的成長課題，但我仍然對一個軟趴趴的外星生命束手無策。我不會餵奶、不會哄睡、不會換尿布、不會幫孩子洗澡，也不知道如何和孩子玩耍。

我承認，確實自然而然就會了；因為，孩子的尖聲哭泣往往逼著你學會。但是，仍然沒有人告訴過我，面對孩子，如何遏止自己想對孩子發怒的衝動、如何分配有限的時間與精力在孩子身上、如何給孩子樹立榜樣、如何與孩子有更親密的交流。

所以，在一個新生命的面前，我們常是一無所知的——儘管我已經是個外界公認的親子專家，我必須再度強調這點。如果有人可以在你迎接新生命之前，就給你一些過來人的經驗分享，告訴你哪些該注意、哪些無傷大雅、哪些事情是最重要的、哪些事情別太執著、哪些徵兆是自然的、哪些訊號必須提高警覺，那麼，也許會讓我們少走一些冤枉路——雖然，冤枉路是每個父母都必須走過的路。

我一直很感激，在我女兒誕生後，我和太太決定把孩子送給保母托育。女兒的保母是個有經驗又溫暖的中年女子，她對女兒的細心照料，讓我們夫婦倆白天可以放心地工作；另一方面，她又像一本育兒百科全書，教會了我們許多新手父母該注意的事情，她最常笑著說：「別擔心！這是正常的。」聽完，我們都會鬆了一口氣。

我們很幸運，遇到了一個優質保母，從而學習為人父母之道。而這本《一本你希望父母讀過的書》也有類似的功用，可以做為你身為父母無力與無助時刻的心理支持。因為，這本書著重的不只是育兒技巧，例如如何餵食、如何哄睡、如何陪孩子讀書、如何建立規矩，更是告訴你，在育兒過程中，最重要的是什麼？把握那些最重要的事情，其他的都別太執著。

所有的父母，在與孩子互動時，內在都上演著許多小劇場，不論是你是否察覺到。這本書，也會帶你去看清楚這些小劇場，在演著什麼戲碼，透過對那些瞬間想法與感覺的深刻覺察，反思自己的生命歷程，更加了解自己，並修正自己對待孩子的態度與作法。

這是我很喜歡這本書的地方！

當了父親之後，每當我想起我父母常說的「等你當了父母就會懂！」這句話時，我想到的是，我終於明白小孩有多麼難搞！以及，我也會繼續與這個難搞的小孩拼搏下去，樂此不疲。因為，當孩子展露笑容時，一切都值得了！

這一點，我真的懂了！

Part 1

親子教養的傳承

俗話說得好：孩子不會照我們說的話做，他們只會看我們做什麼，有樣學樣。在思考孩子的行為之前，先看他們的第一個榜樣比較有效，甚至是必要的，而其中一個榜樣就是你。

這個單元都是在談你，因為你對孩子有重大的影響。在這個單元中，我會舉例說明，在親子關係方面，過去如何影響現在。我會談到孩子常挑起我們內心舊有的感受，導致我們面對孩子時，不小心就因為那些挑起的情緒而產生反應。我也會談到檢視內在的自我批評者有多重要，以免把自我批評的破壞力傳給下一代。

過往經驗的回馬槍

孩子需要溫暖和接納、身體的觸碰、你的實際陪伴、愛與界限、理解、安撫、跟各年齡層交融，以及你的大量關注和時間。哦，那就簡單了，這本書寫到這裡就可以結束了。偏偏事情沒那麼單純，因為你總是會遇到一些阻礙，生活中總是會殺出一些程咬金，諸如環境、育兒、金錢、學校、工作、缺少時間、忙碌等等，例子不勝枚舉。

不過，比起上述這些事物，還有一點更容易阻礙我們：我們嬰幼兒時期獲得的親子教養。如果我們不回顧自己是如何成長的，以及上一輩在我們身上留下的影響，我們可能會赫然發現那些經驗冷不防地對我們使出一記回馬槍。你可能會聽到自己說出類似這樣的話：「我張開嘴巴，講出來的話竟然跟我媽如出一轍。」如果那些話讓你幼時覺得有人想要你、關愛你，保護你，那當然很好，但實際上那些話的效果往往正好相反。

那些可能阻礙我們的東西包括：缺乏信心、悲觀、阻礙感受的防禦心態、擔心感受難以招架。或者，在親子關係方面，阻礙我們的可能是：對孩子的不滿、對孩子的期待，或是對孩子的恐懼。在古往今來、乃至於未來數千年的歲月中，我們在綿延千年的鏈條上不過是小小的一環罷了。

幸好，我們可以學習重新塑造那個環節，那樣做將會改善你的孩子和他們的孩子的生活，而且你現在就可以開始。你沒必要延續上一代對你做的一切事情，你可以拋棄那些無益的作法。如果你是家長，或即將身為父母，你可以拆解及分析童年，回顧什麼事情曾發生在你身上，當時你有什麼感受，現在又有什麼感受。做了那樣的分析後，好好打量過去一番，只留下你需要的回憶。

如果你成長的過程中，大家通常把你當成獨特、有價值的個體看待，給你無條件的愛，也給你足夠的正面關注，家人和你關係融洽，你會獲得一份培養正面關係的藍圖，也知道你可以為家庭與社群做出貢獻。如果你的情況是這樣，回顧童年不太可能是很痛苦的事。

如果你沒有那樣的童年（多數人是如此），回顧過往可能會令你感到不安。我認為我們有必要更注意那種不安感，以提高警覺，避免把那種不安再傳給孩子。我們從上一代承襲了很多東西卻不自覺，這使我們有時很難知道，自己究竟是對當下孩子的行為產生反應，抑或是一種根植於過去的反應。

我想，以下的故事有助於說明我的意思。那是苔伊告訴我的，她是個慈愛的母親，也是資深的心理治療師，培訓過不少心理治療師。我之所以提起她的兩個身份，是為了讓大家明白，即使是最有自知之明、立意良善的人，也可能陷入情感上的時間錯位，赫然發現自己的反應是出於過往的經驗，而不是針對當下的情境。苔伊有個近七歲的女兒艾蜜莉，某天艾蜜莉對她大喊，說她卡在攀爬架上，需要有人幫她脫身。

我叫她自己下來，她說她下不來時，我突然一股氣就上來了。我覺得她是在無理取鬧，她明明可以自己下來，所以我喊道：「馬上給我下來！」

後來她自己下來了，接著她想握我的手，但我還在氣頭上，不讓她握，她就開始哀嚎了。

我們回到家後，一起喝茶，她終於平靜下來，我也把那件事情拋諸腦後，只覺得：「天啊，孩子有時真麻煩。」

時間快轉到隔週，我們一起去動物園，那裡也有一個攀爬架。看著那個攀爬架，我突然感到一陣內疚，艾蜜莉顯然也想起了上週的事，因為她幾乎是怯生生地抬頭看著我。

我問她想不想玩。這次，我不是坐在長椅上滑手機，而是站在攀爬架邊看著她。她感覺自己又卡住時，伸出手臂向我求援。但這次我是採取比較鼓勵的心態，我說：「把一隻腳放這裡，另一隻腳放那裡，抓住那個杆子，妳就可以自己下來了。」她照做了。

她下來以後對我說：「上次妳為什麼不幫我？」

我想了想，回道：「我小時候，妳外婆把我當小公主一樣呵護，陪我去各地，叫我時時刻刻都要『小心』。那讓我覺得自己好像沒有能力做任何事情，後來我變得沒有信心。我不希望那也發生在妳身上，所以上週妳要我幫妳從攀爬架下來時，我不想幫忙。那讓我想起我在妳這個年紀，大人不讓我自己下來。當下我想到以前的事，突然一肚子氣，就把氣出在妳身上了，那是我不對。」

艾蜜莉抬起頭來看著我說：「哦，我還以為妳不在乎呢。」

「不是的。」我說：「我很在乎，但是當下我沒意識到我是在生妳外婆的氣，而不是妳。我很抱歉。」

就像苔伊一樣，我們很容易對自己的情緒反應，做出立即的判斷或假設，而沒有考慮到那可能是因為當下發生的事情，勾起了過往的記憶。

但是，當你對孩子做的事情或要求的事情感到憤怒時（或產生其他棘手的情緒，包括怨恨、挫折、嫉妒、厭惡、恐慌、惱怒、恐懼等等），最好把它視為一個警訊。那個警訊不是在提醒你，孩子肯定做錯了什麼；而是在提醒你，你的罩門又遭到突破了。

那個模式通常是這樣的：當你在孩子周邊發飆或展現過於激動的情緒時，那是因為你已經學會用那種方式來保護自己，以免你感覺到你在孩子那個年紀所經歷的感受。你沒有意識到，孩子的行為可能觸發你過去的絕望、渴望、孤獨、嫉妒，或欠缺自信的感覺。所以，不知不覺中，你挑了一個比較簡單的選項：你不去理解孩子的感受，而是直接發飆，或陷入沮喪，或開始恐慌。

有時，觸發的過往感受遠溯及一個世代之前。我母親以前覺得孩子玩耍時的尖叫聲很討厭。後來我注意到，我自己的孩子和朋友吵鬧時，即使他們玩得很開心，我也會進入一種警覺狀態。我想知道為什麼會這樣，所以我問母親，她小時候玩耍時，要是發出很大的聲音會發生什麼事。她告訴我，她出生時，她的父親（我的外公）已經五十幾歲了。他常頭痛，所以孩子在家裡走動時，都必須躡手躡腳的，否則會挨罵。

也許你害怕承認，有時你對孩子的怒氣就是壓不下來。你怕承認了那種感覺以後，會使怒火加劇，導致憤怒的感覺變得更加真實。然而，當我們為自己指出那種不愉快的感受，並為那種感受找到另一種敘述方式時（一種不歸咎孩子的方式），我們就不會覺得那些不愉快的情緒是孩子觸發的。當你做到這點時，你比較不會對那種感覺產生激烈反應，導致孩子遭殃。你不見得每次都能追溯到合理解釋當下感受的往事，但那不表示相關的往事就不存在，謹記這點對你有益。

一個問題可能是，你年紀還小時覺得，愛你的人可能不見得總是喜歡你。他們可能有時會覺得你很煩、很難搞、令人失望、不太重要、氣死人、笨拙或愚蠢。孩子的行為提醒你這點時，便觸發了以前的感受，導致你大吼大叫，或是對某種負面行為發飆。

為人父母無疑是件苦差事。一夕間，孩子成了最令人勞心費神的首要之務，而且還是全年、全天候無休的差事。為人父母後，你可能終於體會到自己的父母以前需要面對什麼，也許你會更加感激他們，更加認同他們，或更加同情他們。但你也需要認同你自己的孩子。花時間思考你自己在嬰幼兒時期，或是跟孩子年齡相仿的時候有什麼感受，那樣做可以幫你培養對孩子的同理心。當孩子的行為促使你想要推開他們時，那種同理心可以幫你理解他們，感同身受。

我的客戶奧斯卡收養了一個十八個月大的男嬰。每次兒子把食物掉在地上，或是隨處擱下食物時，奧斯卡就一肚子火。我問他，他小時候要是把食物掉在地上或隨處擱置食物時，會發生什麼事？他記得祖父會用刀柄敲他的指關節，然後要求他離開房間。他回想起自己幼時遭到那種對待的感受後，開始同情幼年的自己，那也幫他找到了對孩子的耐心。

我們很容易以為，我們的感覺與眼前發生的事情有關，而不單只是對過去事件的反應而已。比方說，你有個四歲的孩子，生日那天，他收到一大堆禮物。你厲聲斥責他「被寵壞了」，因為他沒和別人分享新玩具。

這是什麼情況？邏輯上來說，孩子收到那麼多禮物並不是他的錯。你可能在無意間認為孩子不該擁有那麼多東西，所以你的憤怒以尖刻的語氣或是對孩子的不合理預期（你覺得孩子應該成熟一點）流露出來。

如果你停下來回顧過往，注意你對孩子的怒氣，你可能會發現，你自己四歲的心靈是嫉妒或好強的。也許你四歲時，有人要求你分享一些你不想分享的東西，或者你根本沒有那麼多東西可以享用，你不想為四歲的自己感到難過，所以才對孩子大發脾氣。

這讓我想起公眾人物收到的匿名惡意郵件，以及在社群媒體上遭到的酸民中傷。你從那些惡意郵件及酸民留言的字裡行間可以看出，他們其實只是想表達：「你那麼有名，我默默無名，實在很不公平。」嫉妒自己的孩子是很正常的反應。如果你有那種反應，應該勇於承認，而不是把氣出在孩子身上，他們不需要類似網路酸民的父母。

在這本書中，我加入了一些練習，幫你更深入瞭解我的說法。如果你覺得那些練習沒有幫助或難以承受，可以直接跳過，等你覺得自己準備更充分了，再回頭來閱讀。

練習：這種情緒來自何處？

下次孩子又令你發火（或出現衝動的情緒）時，別再不假思索地反應，而是停下來自問：這種感覺完全是當下的情境和孩子造成的嗎？為什麼我無法站在孩子的立場看問題呢？

一種阻止自己衝動反應的好方法是說：「我需要一些時間思考當下發生的事情。」並利用那段時間冷靜下來。即使孩子確實需要一些指引，但你在氣頭上指引孩子也沒有多大的意義。你在氣頭上時不管給出任何指引，孩子都只聽到你的憤怒，而不是你想告訴他什麼。

即使你還沒有孩子，也可以做另一種版本的練習。注意你發飆或自以為是，或憤怒，或恐慌，或羞愧，或自我厭惡或疏離的頻率。從你的反應中尋找型態，回頭找你第一次有那種感覺是什麼時候，回溯至幼年你開始有那種反應的時候，你可能會開始明白那種反應其實積習已久。換句話說，那種反應主要是因為你已經養成那個習慣，跟當下的情境不太相關。

破裂與修復

在理想的世界裡，我們因一種感覺而出現衝動反應以前，會先克制自己；我們永遠不會對孩子大喊大叫或威脅他們，或讓孩子感到難過。當然，認為自己每次都能做到這樣，是不切實際的想法。你看苔伊，她是經驗豐富的心理治療師，內心的怒火依然導致她衝動反應了，因為她以為那和當下的情境有關。但她為了修補傷害，確實做了一件我們都可以學習的事：破裂與修復。破裂是指我們誤解彼此，做了錯誤的評斷，傷害了他人。在每個重要、親密的家庭關係中，翻臉決裂是無可避免的。重要的不是關係破裂，而是要加以修復。

修復關係的作法，首先是努力改變你的反應。也就是說，找出觸發情緒的原因，並利用那種認知，做出不同的反應。或者，如果孩子已經夠懂事了，你可以透過言語道歉，就像苔伊對女兒艾蜜莉那樣。即使你是在事發幾個月後，才意識到自己對待孩子的方式錯了，你還是可以告訴他，你哪裡做錯了。父母試圖對孩子修復關係時，那對孩子來說意義重大，即使孩子已經成年也是如此。你看艾蜜莉當時的想法，她以為苔伊不關心她。當她得知母親真的在乎她、只是當時情緒不佳時，她也鬆了一口氣。

一位家長曾經問我，向孩子道歉會不會有危險。她問道：「他們難道不需要認為你永遠是對的，否則會有不安全感嗎？」不！孩子需要的是父母真實可信，而不是十全十美。

回想一下你的童年：你是否曾覺得自己很糟糕或做錯了什麼，甚至覺得父母心情不好都是你造成的？如果你曾這樣想，你很容易就會以錯誤的方式（亦即讓對方覺得是他的錯）來修復這種自責的情緒。當你這樣做時，受害者往往是你的孩子。

孩子的本能會告訴他們，何時我們與他們不對盤，或何時我們與當下發生的事情不對盤。如果我們這時又假裝自己很瞭解他們或當下的情境，那會削弱他們的本能。例如，我們假裝自己從來不會犯錯，孩子可能因此出現過度調適的情況——不只過於相信你說的話，也可能過於相信任何人的話。孩子遇到不把他們的最大利益放在心上的人時，很容易受到傷害。本能是構成自信、能力、智力的一大要素，最好不要破壞或扭曲孩子的本能。

馬克在妻子湯妮的建議下，來參加我辦的親子教養研習班，當時他們的兒子托比快兩歲了。馬克告訴我，他和妻子原本協議不生孩子，但湯妮四十歲時改變了念頭。經過一年嘗試自然受孕，又一年做試管嬰兒後，湯妮終於懷孕了。

想到我們費盡千辛萬苦才獲得這個孩子，現在回想起來，我對生活中多了一個孩子是什麼樣子竟然如此懵懵懂懂，我也覺得很訝異。我想，我對為人父母的印象大概都是從電視上獲得的，電視上的嬰兒大多是神奇地在嬰兒床裡熟睡，幾乎不哭不鬧。

托比出生後，我再也無法隨性地做任何事情，生活缺乏彈性，育嬰的過程單調乏味，我倆之中總要有一人日以繼夜地照顧嬰兒。種種的變化使我的情緒開始在憤怒與沮喪之間擺盪，有時甚至是既憤怒又沮喪。

兩年過去了，我依然無法享受生活。湯妮和我之間的話題只剩下托比，即使我想聊點別的，不到一分鐘，話題又會回到孩子身上。我知道我很自私，但我還是覺得自己太暴躁了。坦白講，我覺得我和他們母子倆一起生活的日子應該撐不久了。

我請馬克描述一下他的童年，但他只說，他沒什麼興趣跟我一起探索童年，因為他的童年很正常。身為心理治療師，我把他所謂的「沒什麼興趣」解讀成他想跟童年保持距離。我猜想，為人父母可能觸發了他想逃離的感覺。

我問馬克，他所謂的「正常」是什麼意思。他說，父親在他三歲時就離開了，往後隨著他的成長，父親的探望愈來愈少。馬克說的沒錯，這是正常的童年。然而，這不表示父親的消失對他來說無關緊要。

我問馬克，他對父親的遺棄有何感想，他說他不記得了。我拐著彎說，也許是因為太痛苦才記不起來吧。也許他像父親那樣離開湯妮和托比感覺比較容易，因為這樣一來，他就不必打開內心那個積滿複雜情緒的盒子了。我告訴他，我覺得他把那個盒子打開很重要，否則他無法察覺兒子的需要，也會把自己從父親那裡接收到的情緒傳給托比。從他的反應，我無法確定他是否聽進了我的話。

六個月後，我在另一個研習班上再次見到馬克。他告訴我，他一直很憂鬱，但他沒有輕忽那個狀況，決定開始接受治療。他告訴我，令他驚訝的是，他竟然在治療師的房間裡哭訴父親離開他的事。

心理治療幫我把情緒擺在適切的地方，也就是說，擺在父親的遺棄上，而不是覺得我只是不適合這段關係，或不適合為人父母罷了。

我不是說我不再感到無聊，或不再心生怨恨，但我知道那種怨恨是過去造成的，而不是托比造成的。

現在我已經瞭解把一切的關注放在托比身上的意義了，那是為了讓他感覺良好，不僅是現在，未來也是如此。我和湯妮正以愛來填滿他，希望他長大以後，會有滿滿的愛可以付出，並因此覺得自己很有價值。我和父親沒有任何關係，我知道托比從我身上獲得了我從父親身上得不到的東西，我們正在為一段深厚的關係奠定基礎。

明白我做這些事情的意義以後，我的不滿變成了希望和感激。現在我覺得跟湯妮更親近了，我也對托比更感興趣，更願意陪伴他，這讓湯妮有更多的時間去思索孩子以外的事情。

馬克藉由回顧過往，去瞭解現在發生的事情，他因此修復了他與托比的關係破裂（他原本想要拋棄托比），也改變了他對兒子的態度。這就好像他必須先解開暗藏在心底的悲傷，才能夠釋放內心的愛一樣。

修復過去

前些日子，一位即將當媽的孕婦問我，如果我可以給新手父母一個建議，那會是什麼。我告訴她，無論孩子的年紀多大，他都會以行動來提醒你，你在他那個年紀時所經歷的情緒。她聽完以後，有點困惑地看著我。

約莫一年後，那個母親帶著才剛會走路的小孩來找我。她告訴我，當時她聽不太懂我的意思，但記住了我的話。等她逐漸適應母親這個角色以後，她開始覺得我講的很有道理，那也幫她理解了孩子。你不會清楚記得自己在襁褓時期是什麼樣子，但其他層面上你會記得，因為孩子會不斷地提醒你。

如果你在某個年紀時，父母離開了你，等你的孩子到了類似的年紀，你開始抽離孩子是很常見的現象。或者，你在某個年紀開始感到孤單，等你的孩子到了相似的年紀時，你也會想在情感上抽離。馬克就是典型的例子，他不想面對孩子在他身上觸發的情緒。

你可能會想要逃離那些感覺，也想逃離孩子，但如果你那樣做了，你會把過去發生在你身上的事情也傳給孩子。你有很多好的東西可以傳承給下一代——例如你獲得的一切關愛——但你並不想把你承襲的恐懼、憎恨、孤獨或怨恨繼續傳給孩子。有時你會覺得孩子很煩，就像你偶爾對伴侶、父母、朋友或自己也會有類似的感受。只要承認你偶爾會這樣想，你比較不會因為孩子喚起你內在的情緒，而不假思索地懲罰他們。

如果你像馬克那樣，發現自己討厭家庭生活是因為覺得自己受到排擠，那可能是源自於你小時候也受到排擠，遭到父母之中的任一人或兩人的忽視。有時這種怨恨給人的感覺比較像無聊，或是一種親子之間的疏離感。

有些家長認為我用「遺棄」和「怨恨」之類的字眼太誇張了。他們說：「我不怨恨孩子，有時我只是想獨自靜一靜，我還是很愛孩子。」我覺得遺棄就像是一道光譜，在最嚴重的那邊，是像馬克的父親那樣拋家棄子，完全抽離孩子的生活。但我也覺得，孩子想要你關注時，你把他推開，或孩子想讓你看他的畫作時（某種程度上，那是孩子試圖向你展示他真正的樣子），你只是做做樣子，沒有認真地聆聽，那也算是一種「遺棄」。

這種想把孩子趕走、想讓孩子睡久一點、想讓孩子獨立玩耍以免佔用你時間的感覺，會在你不想去理解孩子的時候出現，因為孩子讓你痛苦地想起自己的童年。正因為如此，你無法迎合孩子的需要。我們可能會告訴自己，我們之所以把孩子推開，是因為我們想要體驗生活的其他部分，例如工作、朋友、Netflix，但我們畢竟是成年人，我們都知道孩子這麼黏人只是一個階段罷了，等小孩不再那麼黏人以後，我們可以重拾工作、朋友和其他的休閒娛樂。

我們很難正視這點，很難阻止自己把幼時遭到的對待繼續傳給下一代。我們需要注意自己的感受，然後反思，而不是對無法好好理解的感覺衝動地做出反應。正視自己想要採取的不當因應方式（以馬克的例子來說，是拋下母子，一走了之），可能會讓人產生愧疚感。這種情況發生時，可能會使人產生防禦心態，以免太羞愧。如果我們真的那樣做，那並未改善任何東西，只是把自己的問題傳給下一代罷了。但羞愧不至於令人喪命，當我們意識到正在發生的事情時，可以把羞愧轉化為慶幸，因為我們注意到行動的必要，並意識到自己需要如何改變。

真正重要的是，和孩子輕鬆自在地相處，讓孩子感到安全，讓孩子覺得你想要陪伴他。我們的用字遣詞也會發揮小小的作用，但更大的作用則有賴我們展現溫情、觸碰、善意和尊重：尊重孩子的感受，尊重他們的個體、觀點，以及對世界的詮釋。換句話說，我們需要在孩子清醒時，展現出對他們的愛，而不僅僅是在他們安詳入睡時才展現出來。

如果你覺得自己每天幾乎每個小時都想抽離孩子，你真正需要抽離的，可能是孩子在你身上觸發的感覺。為了避免受到那些觸發因素的控制，你可以抱著慈悲心去回顧你嬰幼兒時期或童年的情況。這樣做以後，你就能找出孩子對你的需求和渴望。偶爾找個保母來幫你照顧孩子，讓你去享受一些成年的樂趣當然很重要，但你也要注意，如果這種想要抽離的感覺特別強烈，而且感覺好像隨時都在，那你應該勇於回想一下你在孩子這個年紀時的感受。

練習：帶著慈悲心回顧過往

問問你自己，孩子的哪些行為讓你產生最強烈的負面反應。你小時候出現同樣的行為時，發生了什麼事？

練習：來自記憶的訊息

閉上眼睛，回憶你最早的記憶，那可能只是一個圖像或一種感覺，也可能是一個故事。在那個記憶中，你最主要的情緒是什麼？那個記憶和現在的你有什麼關聯？那個記憶如何影響你的親子教養？切記：你做這個練習時，若是出現任何反應（例如害怕感到羞愧，而導致你現在總是堅持自己是對的，寧可犧牲孩子），你應該慶幸自己發現了這個缺陷，而不是覺得羞愧，或是防禦性地撇清，並繼續以同樣的行為因應那種感受。

如何自我對話

這個單元中，我一開始就提過，孩子不會照我們說的話做，他們只會看我們做什麼，有樣學樣。所以，如果你有自責的習慣，孩子可能也會養成這種有破壞性的習慣。

我最早的記憶之一，是母親照鏡子時對自己吹毛求疵。多年後，我在十幾歲女兒的面前也做了同樣的事情。生性機靈的女兒告訴我，她不喜歡我這樣做。我聽她這麼說以後，想起我自己以前也不喜歡那樣。

我們承襲下來的習慣和行為，往往可以從我們自我對話的方式中發現端倪，尤其是透過內在那個吹毛求疵的自我。幾乎每個人的腦中都有一種持續不斷的嘮叨或評論，我們已經習以為常了，以致於沒有注意到它在說什麼。但那個聲音可能是一種嚴厲的內在批評，也許你告訴自己：「這不是我這種人應得的。」或「我不能相信任何人」、「我沒救了」、「我永遠不夠好，還是趁早放棄吧」、「我什麼事情都做不好」、「我太胖了」或「我真是一無是處」。對於這種內心對話，你要特別小心，因為那些話不僅會對你的生活產生強大的引導作用，也會影響孩子的生活，並影響孩子對自己及他人的評斷。

內在的負面聲音除了會教導孩子做出有害的評斷以外，還會誇大低落的情緒，打擊信心，使我們感到自己樣樣不如人。適時發現內心的自我對話還有一個很好的理由：我們似乎會把內在的聲音（以及顯而易見的習慣）傳給下一代。如果你希望孩子擁有幸福快樂的能力，你的自我批評可能是妨礙孩子幸福的最大障礙。

童年經歷使我們長大成人，這是人類發展的基本方式，但我們也很難擺脫童年的經歷。阻止這種內心批判的聲音可能很難，但你可以注意自己何時開始自我批判，每次又逮到自己這麼做時，就肯定一下自己的覺察力。

伊蓮育有兩子，在畫廊擔任助理。她很清楚自己的內在有一股負面的聲音：

那個聲音通常和失敗有關。它說我不該嘗試某件事，因為那不會成功的……因為我不擅長……會丟人現眼。於是，我開始打退堂鼓，勸自己別做那件事。之後，我又會批評自己缺乏冒險精神、不夠努力、沒有恆心毅力、太膚淺，對任何事情都沒有真正的熱情或專業知識。光是現在跟你談這些，我就可以聽到那個聲音在腦中說：「對啊，那些話都是真的。」

我思考這個聲音可能來自誰時，就覺得很內疚，因為我非常愛我媽。我一直很清楚她很愛我，也一直覺得自己獲得了很多關愛。但我媽很杞人憂天，總覺得凡事都不夠好，非常悲觀。她對自己一直很嚴苛，從來不接受讚美。你稱讚她：「這千層麵太好吃了！」她只會回應：「沒啥味道，乳酪放太多了。」

不知怎的，她把這種凡事都覺得「不夠好」的性格也傳給了我和妹妹。我們都非常在意失敗，還會把失敗當成自己一無是處、未來沒啥指望的證據。有一次，我的法語拿B，感覺就好像世界末日一樣。

我媽確實會努力表現得積極一些，但是只要一不小心說溜嘴，就會破壞一切的努力，導致前功盡棄。例如，我最後一次試穿婚紗時，從試衣間走出來，我媽噘著嘴，一臉擔心的模樣說：「好吧，好吧，那天再配上鮮花和面紗等等東西，應該還過得去。」她自己的焦慮和不安，可能在無意間使周圍的人變得一無是處。

伊蓮說，她的母親雖然內心有個自虐的批評者，但也做對了很多事情（我並不想把她妖魔化）。不過，她就像多數人一樣，似乎沒意識到她是怎麼自我對話的，尤其她沒有發現那種自我批判的個性可能傳給孩子。

你注意到自己如何自我對話時，你會有更多的選擇，並決定自己想用哪種方式來傾聽那個聲音。伊蓮就是這樣學會因應那個內在批評的：

我下定決心不要把這個習慣傳給孩子，我不希望孩子像我一樣害怕失敗，那實在太令人灰心喪氣了。

以前我會和那個聲音爭辯，而且每次都辯輸（此外，爭辯也消耗了太多的精力和注意力）。最近我發現，最好的方法是別理會那個聲音。我幾乎把它當成一個難搞的同事看待，我告訴它：「好吧，反正你有權表達意見。」

我試著去做那個聲音叫我別做的事情。為了不讓孩子失望，我努力克服恐懼，好讓孩子知道失敗沒那麼糟糕。儘管那個聲音叫我放棄畫畫，我還是重拾畫筆。我不去評斷自己畫得怎樣，而是訓練自己去注意我喜歡畫畫的哪些方面，並找出我最滿意每幅畫的哪個部分。這樣做有一個意想不到的副作用：我變得更有自信，不僅對我的繪畫如此，對整體的生活也是如此。

如果我們把伊蓮做的事情寫成一個流程，就像以下這樣：

❶首先，找出那個聲音。

❷別理會那個聲音，也不要和它爭論，把它視為一個怪咖就好。它講什麼，聽聽就算了，別放在心上。例如，你可以心想：「反正你有權發表意見。」

❸擴大安適區。去做內在批評者說你做不到的事情，你會因此找到更多的自信。當你開始懷疑自己時，就可以回想你做到的事情。

❹意識到你把自我批評傳給孩子的危險。知道那個危險性，會讓你更有動機去注意它。

練習：揭穿內在的批判聲音

隨身帶著紙筆，記下一天中冒出來的所有自我批判。以前你是否也聽過其他人說過類似的自我批判？

想想你想達到的目標，以及你需要採取的步驟。現在注意你如何跟自己談這件事。你是不是說了什麼勸退自己的話？那個聲音是不是讓你想起某個人？

好父母／壞父母：評斷的缺點

你之所以讀這本書，表示你想盡可能成為最好的父母。阻止你達到目標的一個因素，是你自己和他人對你的評斷。在為人父母方面，我們常給自己打分數，那是我的煩惱。

貼上「好父母／壞父母」的標籤對我們毫無助益，因為那些評斷都是極端的。我們不可能時時刻刻與孩子和諧相處，即便是展現善意，有時也可能產生適得其反的效果。但因為沒有人想被貼上「壞家長」的標籤，所以我們犯錯時（每個人都會犯錯），為了避免被貼上那個標籤，我們可能會假裝自己沒錯。

由於「好／壞母親」、「好／壞父親」之類的標籤一直存在，為了避免貼上壞標籤的恥辱，我們對可能做錯的事情往往採取防衛心態，這表示我們不會去注意親子之間的不協調，或忽視了孩子的情感需求，我們也不會去思考如何改善親子關係。這也可能表示我們只展現出做對的事情，而把那些可能做錯的事情隱藏起來，以便緊抓著「好」母親或「好」父親的身份。

父母害怕面對可能做錯的事情時，那對孩子毫無助益。當我們改變行為並修補破裂關係時，那些犯下的錯誤（例如假裝孩子的感覺不重要，或我們做錯事情）就不是那麼重要了。但如果我們覺得承認錯誤太丟臉了（而且那個「壞」標籤還會增加那種羞愧感），我們就無法導正任何錯誤。

讓我們別再把「好」與「壞」當成父母的屬性，沒有人是完全的聖人或完全的罪人。一個暴躁但誠實的家長（一般人眼中的「壞」家長）可能比一個表面和藹可親、但私下沮喪又怨恨的家長更好。我想進一步主張：就像我們不該評斷自己一樣，我們也應該盡量避免評斷孩子。把某個東西裝箱，貼上標籤，然後就此拋諸腦後，可能會給人一種成就感，但是那樣做對我們自己不好，也對那個被塞進箱子裡的人不好。評斷一個孩子的好壞毫無助益，其實對孩子做任何評斷都沒有幫助，因為在「文靜」、「笨拙」、「吵鬧」等標籤的限制下，孩子很難蓬勃發展。

人隨時都在改變及成長，尤其是小時候。描述你看到的東西，並說出你欣賞的優點，那樣做的效果遠勝於評斷。所以，與其說「你的數學很好」，不如說「我很喜歡你做算術題時聚精會神的樣子」。與其說孩子「畫得好」，不如說「我很佩服你為這幅畫下那麼多功夫。我喜歡那棟房子的樣子，看起來好像在微笑，心情也跟著好起來了」。讚賞孩子的努力，描述你看到的東西與感受，並鼓勵孩子，不要下任何評斷。描述你的觀察，並發現一些具體的特質給予稱讚，遠比「幹得好」、「太棒了」之類的籠統評語更鼓舞人心，也遠比批評更實用。如果孩子寫的作業看起來像鬼畫符，亂成一團，但有個字母P寫得很完美，你只需要說：「我喜歡你把P寫得那麼工整。」希望下次你也會喜歡另一個字母。

練習：不再評斷

與其根據你做了什麼來評斷自己，不如觀察及欣賞你做對的事情。注意這樣做給你的感覺有何不同。例如，不要說或想著「我做的麵包很好吃」，而是改成「全心全意投入烘焙是值得的」。不要說「我不擅長瑜伽」，而是改成「我開始練瑜伽了，而且比上週進步了一些。」重點不是那些用字遣詞——我並沒有完全禁用「好」或「壞」——而是停止評斷，或是別把結論說得太死。這樣做對我們自己和孩子比較沒有傷害。

這本書一開始我就把焦點放在你身上，而不是孩子身上，因為孩子是一套無與倫比的基因和環境混合而成的，所以才會那麼獨特，而你就是那個環境的重要組成。

我們如何看待自己，以及我們為自己對孩子的反應負起多少責任，是親子教養的關鍵。偏偏這些關鍵往往遭到忽視，因為把焦點放在孩子及他們的行為上比較容易，去探究孩子如何影響我們、進而改變我們影響他們的方式比較難。而且，不止我們對孩子的反應塑造了他們的人格特質和性格，他們在環境中看到及感受到的東西，也會塑造他們的人格和性格。

希望我已經說服你，去檢視你如何因應孩子在你身上觸發的情緒。請注意你的自我對話，注意內在那個自我批判的聲音。盡量不要評斷你自己、你的教養方式，以及你的孩子。

Part

2

孩子的環境

最近，一位律師與我分享他處理一個難民家庭的故事。他想設身處地為他們著想，瞭解居無定所是什麼感覺，沒想到一個孩子突然高聲說道：「哦，我們有家啊，只是沒有地方安置這個家而已。」

聽到那句話，我很感動。那句話一語道盡了家庭成員之間的愛和關懷，是如何構成一張安全網，那是每個人不可或缺的東西。所以，我們如何確保那些構成家庭的關係像避風港一樣？這是這個單元想要探討的主題：如何打造一個讓孩子蓬勃發展的家庭環境。

重點不是家庭結構，而是我們如何相處

你和跟你一起生活的人，構成了孩子的環境。孩子如何看待自己，以及如何與他人互動，很大程度上是取決於你們的親子關係以及你周圍的小圈子。那是指共同家長（如果你不是單親扶養孩子）、你的兄弟姐妹、你的父母，以及付錢請來的保母和摯友。

注意我們在這些關係中的行為很重要。例如，我們會感謝身邊的人嗎，還是把怒火發

洩在他們身上？這些家庭關係對孩子的性格和心理健康的發展有很大的影響。兒童是一個個體，但他也是整個系統的一部分。一個孩子的系統中，除了有親密的家庭關係以外，還包括學校、他們的友誼，以及廣泛的文化。所以你應該觀察那個系統，並盡你所能為你自己和孩子，把那個系統打造成最好的環境。那個環境沒有必要是完美的，因為完美並不存在。

重要的不是家庭結構——如果你不是小家庭，這是個好消息。家庭結構可以很傳統，也可以很另類。父母可以分居，也可以同住，可以住在公社裡，也可以是三角家庭（指夫婦雙方與一方的情人共居的家庭）。父母可以是同性戀、異性戀，也可以是雙性戀——這些都不重要。研究顯示，家庭結構本身對孩子的認知或情感發展幾乎沒什麼影響。事實上，在英國，有超過二十五%的孩子是在單親家庭成長；這些單親家長中，約有一半在孩子出生時是有伴侶的。把他們的財務狀況、學歷等因素納入考量後，他們身為父母的表現並沒有比傳統家庭結構的父母來得好或來得差。

孩子生活中的人物，構成了孩子的世界。那個世界可能是充滿關愛的豐富世界，也可能像戰場一樣。努力避免家庭生活偏向戰場那個極端，可能比多數成年人所想的還要重要。如果孩子心事重重，擔心自己的安危及歸屬，他們就無法自由地對廣闊的世界展現好奇心。沒有好奇心對他們的專注力與學習都可能產生負面的影響。

一項調查詢問青少年和父母是否同意以下說法：「父母相處融洽是養育快樂孩子的一大因素。」青少年認同這句話的比例高達七十%，但父母認同這句話的比例僅三十三%。

這可能是因為父母或照顧者的關係不和睦時，孩子經歷的情感痛苦是成年人看不見的。身為父母，你可能知道看到孩子痛苦有多難受。因此，你很難看出你自己的行為是如何導致那種痛苦的。

你可能覺得你的作法合情合理，或是覺得你無法改變自己的行為。要你觀察你和伴侶及其他家庭成員如何互動，你可能覺得太難了，甚至感到不知所措。但我希望在這個單元中，我可以針對如何改進你們的互動關係，提供你一些想法。

父母不在一起的時候

即使你和孩子的另一位家長分居，重要的是你以尊重的方式提到對方，你們可以欣賞彼此的優點，而不是總是強調對方的缺點。我知道有些人可能覺得這似乎是不可能的，尤其是經過棘手的分手歷程之後。但在我告訴你這對孩子有多重要以後，你可能會覺得容易一些：孩子覺得自己是分屬於你們兩個人，依附於你們兩個人，也是你們兩個人中的一部分。如果帶他們來到世間的其中一人經常被指為「壞」人，孩子往往也會把那個想法加以內化，因此認為自己也是「壞」人。此外，為了同時忠於父母，在父母之間受到拉扯也會使孩子左右為難。

那麼，如何協商離異最好呢？如果父母相互合作，溝通良好，而且孩子在父母離異後仍與雙方定期密切地接觸，孩子以後的生活會過得比較好。如果你能設法做到這樣，孩子比較不會陷入憂鬱或變得好鬥。至於孩子與未同住的家長之間的親子關係，只要父母之間有明確、積極的溝通，他們的親子關係也會比較融洽。如果父母離異後，其中一方（通常是父親，但不總是父親）漸行漸遠，孩子比較可能感到痛苦、憤怒、憂鬱或自卑。在英國，父母離異的孩子中，有四分之一以上的孩子在父母離婚三年後，就與父親失去聯繫了，這種現象著實令人擔憂。

我知道與前夫或前妻和睦相處不見得容易，下面分享的故事就是一例。梅爾有個六歲的兒子諾亞。她和諾亞的父親詹姆斯交往了五年，他們常住在不同的國家，覺得沒必要把彼此綁死。每次聚在一起時，他們都很享受彼此的陪伴。梅爾的故事可能聽起來很極端，但是與前夫／前妻在親子養育上看法分歧的人，可能會覺得這個例子很受用。

梅爾懷孕時，詹姆斯以為她會墮胎。但她沒有，詹姆斯很生氣，試圖切斷兩人的關係。現在，他只支付最低的撫養費，而且還是經過很丟臉的親子鑑定程序後，他才勉強同意支付的，他一點也不想和諾亞有任何關係。

我和處境類似詹姆斯的人聊過，他們告訴我，他們喜歡原本的生活。承認孩子的重要，可能會改變原本的生活，那令他們感到威脅和害怕。

然而，孩子——不是一個「東西」，而是你生命中的一個人，儘管他可能需要依賴你二十年——不單只是改變的催化劑而已。如果你從私心看待為人父母這件事，孩子其實是豐富人生的泉源。

況且，孩子不會因為遭到忽視而消失。可悲的是，有些人確實會疏遠孩子，彷彿他們只要假裝自己與孩子沒有關係，孩子就真的不存在似的。梅爾憑直覺知道，即使她覺得是詹姆斯拋棄了他們母子，她不能讓諾亞知道這件事。兒子問起父親時，她總是想起他父親的許多優點和才華，並告訴兒子。如果將來詹姆斯想重新進入諾亞的生活，梅爾賦予詹姆斯的正面評價將有助於那個過程。隨著諾亞逐漸長大並提出愈來愈多的問題，梅爾想要繼續那樣做愈來愈難了。她擔心兒子要是知道事情的真相，會很在意父親的遺棄，那可能傷害他的自尊，或扭曲他對男性的看法，或甚至對他成年後的行為產生負面的影響。

由於梅爾知道這些隱憂，她可以引導諾亞繞過那些陷阱，但即便如此，也不能保證諾亞在某個階段不會把父親遺棄他這件事放在心上。沒有一種良方能導正一切。梅爾有很多充滿愛又投入的家人和朋友，他們在一定程度上為諾亞填補了父親那個空缺。

我之所以提起梅爾的故事，是因為與前夫／前妻建立順暢、合作的關係不見得很容易。當其中一方不願付出時，我們所能做的是盡量不要在孩子面前、甚至是自己面前詆毀對方。

如何使痛苦變得可以忍受

我們希望孩子的生活毫無痛苦，也毫無煩惱。我們當然不希望孩子因為我們不幸愛錯人，或因為我們的親密關係出現衝突，而跟著受苦。但是要完全保護孩子是不可能的，生活中總是有焦慮、未解之謎、渴望和失落。

你如何幫孩子把痛苦變得可以忍受？在他們感到痛苦時，陪在他們身邊。為了孩子和你親近的人，你需要在場。敞開心胸面對及接納，他們對你展示的東西以及他們的感受。你可能無法幫他們消除痛苦，但是透過陪伴，而不是否認或推開他們，你可以陪他們度過苦難。這種貼心的陪伴使任何事情都變得更能忍受。關於這點，我在談感受時會再詳細地闡述（見P. 73）。

父母在一起的時候

如果你們是夫妻倆一起養育孩子，你們之間的愛、善意、關懷和尊重，都會促進孩子的安全感。然而，有孩子的人都知道，養兒育女也會給夫妻關係帶來壓力。你們的生活可能不像以前那麼自在，你與伴侶或親近者獨處的時間會減少，自己獨處的時間也會大幅縮減，甚至完全消失。你和伴侶的性愛關係可能改變，性愛機會變少。睡眠型態也會受到干擾，很可能你必須大幅縮減睡眠時間。夫妻或家人可能有不同的育兒觀念，關係中的動態可能發生變化。你的工作習慣可能改變，如果你辭掉帶薪的工作，那也可能改變你對自己的看法。你的社交生活會受到影響，你和前同事的聯繫會變少或甚至失聯。有些朋友可能看你忙著育嬰而暫時抽離你的生活圈……等等。

這類變化不勝枚舉，以上絕非完整清單。如果你們是一對夫妻，從伴侶變成家人的轉變需要一段時間適應。而且，正當你覺得自己已經適應時，隨著孩子或家庭的持續成長，情況又改變了。這些變化也會導致你們對彼此及孩子心生怨恨。順道一提，對於這種怨恨，承認那種感覺是最好的應對方式，即使你只是對自己承認也好。不承認的話，你更有可能為自己發飆的行為找理由，而不是承擔責任。

生活從來都不是靜止不變的，能夠接受、處理、擁抱改變，比抵制改變來得有用。想想如何變得更靈活應變，會比試圖找回失去的東西更有效。當然你還是會偶爾懷念一下過去的生活，但你可能需要努力接納新生活及擁抱它。還記得二十頁提到的馬克嗎？他討厭生活從兩人世界變成三人世界後，被搞得天翻地覆。他學習接納改變的方式，是去追蹤怨恨感的來源，結果發現那種怨恨遠溯及自己成長的過程，並從親子教養中找到了意義，不再把親子教養貶抑成乏味的苦差事。他也發現，當他和伴侶共同承擔及平分對孩子的教養責任時，那也讓伴侶更有時間去找回以前的自己，而不是把全部的精力都放在孩子身上。

爭論的方法

多數的家庭都會爭吵，但重點是你如何處理及化解衝突。意見分歧沒有必要破壞你們的關係，因此也沒有必要破壞孩子的環境。伴侶關係和諧、家庭正常運作時，也會有意見分歧及爭吵的時候，那是不爭的事實。但那種人爭吵時，仍會尊重及欣賞彼此，並想辦法讓自己的意見獲得認可，也讓感受獲得傾聽。

現在我們來談談爭論的基本要點。任何衝突都有脈絡，那是你們爭論的主題。此外，還有你對衝突的感受，以及對方對衝突的感受。另外，衝突也有一個過程，亦即你們解決問題的方式。

為了處理分歧，你應該要知道你對環境的感受並讓對方知道。下一步是瞭解對方對環境的感受，並把對方的感受納入考量。如果不考慮彼此的感受，雙方會愈吵愈烈，開始打起我所謂的「事實網球」，把理由拋向球網另一面的對方，而且理由會愈來愈多。在這種爭論中，雙方的目的變成追求得分，而不是找出可行的解決方案。找出彼此的差異並想辦法化解紛爭，需要靠理解與妥協，而不是吵贏對方。

我們舉一個典型的家庭紛爭為例：洗碗。洗碗是引發紛爭的情境，那也涉及了當事人的感受。當爭論演變成「事實網球」時，便發生以下的情況：

發球者：問題是，如果你不洗碗，碗盤上的殘渣會變硬，那很難洗掉，所以應該餐後馬上洗碗。（15：0）

接球者：白天先擱著碗盤，晚上再一起洗，比較節省時間。（15：15）

發球員：碗盤擱著不洗很不衛生。（30：15）

接球員：反正洗碗時，那些累積的細菌都會殺死。（30：30）

發球員：髒盤子會引來蒼蠅。（40：30）

接球員：現在是冬天，髒碗盤附近不會有蒼蠅。（40：40，平分）

兩人就這樣你來我往。當其中一人已經找不出理由抛向對方，而因此被判定「輸球」時，雙方都對彼此毫無愛意或溫情。即使「贏家」感覺良好，那也是以犧牲對方作為代價。

另一種處理分歧和衝突的方式，我稱為「你看，那邊有松鼠！」，或所謂的「顧左右而言他」。亦即改變話題，不談困擾你或別人的事情。所以，你看到碗還沒洗時，你也不處理那個問題，而是說或做別的事情。這樣做也許可行——延遲討論某件事可能是恰當的——但完全避而不談就不行了。刻意迴避一切衝突，通常也會連同親密關係一起迴避，因為太多的話題變成禁忌時，禮貌地迴避對方會使事情變得無關緊要。

第三種爭論方式是犧牲自己。例如，你回到家時直接說：「別擔心洗碗的事，待會兒我來洗。」遺憾的是，這種情況往往會演變成以下的狀況：犧牲者不僅無法讓每個人感到內疚，最後他自己也會變得憤憤不平，責怪他人，或是變成迫害者（見下文），開始辱罵他人。

迫害者展開攻擊：「你不洗碗，實在很髒，你的衛生真差。」如果你是那個遭到辱罵的人，你會想要反擊。

這四種衝突方式都無法營造出和諧的家庭氣氛。衝突導致孩子處於警戒狀態，威脅到他們的安全感，也使他們對世界缺乏開放的心態和好奇心。他們的精力和注意力會切換成某種緊急模式。

那麼，什麼才是理想的爭論方式呢？處理意見分歧時，一次只解決一個議題，想想爭論的焦點究竟是什麼。別把怨氣憋在心裡，而是一次講個明白。從那個問題帶給你的感受開始講起，而不是先攻擊或責備對方。讓我們回到洗碗的例子上……

「我早上洗碗後，晚上回家看到更多的碗盤擱著沒洗，我覺得很難受。如果你白天就把碗盤洗乾淨，我會覺得好受一些。」

理想的爭論風格不是以獲勝為目標，而是在追求理解。對方可能會回應：「哦，親愛的，對不起，我不想讓你感到難受。我忙著處理太多事情了，我知道下班回家看到髒碗盤很刺眼。」對此，第一個人可能會回應：「是啊，你確實忙太多事情了。沒關係，現在你來洗，我來擦乾，這樣好嗎？」

爭論時，有一個很好的經驗法則：使用「我陳述句」，而不是用「你陳述句」。例如，你可以說：「你滑手機時，都不回我的話，**我**覺得很受傷」，而不是說「你滑手機時，都不理我。」很少人喜歡被別人定型或歸類，尤其是負面的類型。如果你是描述你聽到或看到的東西給你的感受，你是在談論自己，這樣對方比較容易聽進去。

當然，沒有一種抱怨方式是保證「有效」的。也就是說，沒有一種抱怨可以確保你得到你想要的東西。但良好的互動不是為了操縱對方，而是為了培養良好的關係。開誠布公地表達你的感受及需求，可以幫你培養良好的關係。操縱別人對關係毫無助益。

使用「我陳述句」，而不是「你陳述句」；承認自己的感受、瞭解及承認對方的感受，通常是處理家中無可避免的分歧的最好方法。那也可以強化孩子的安全感，因為那樣做減少了怨恨，促進了理解。孩子有了你們做榜樣以後，將來更有可能採用這種相互尊重及高情商的爭論風格。

分歧出現的一個原因是，一個人認為自己遭到對方的故意攻擊，但其實他並沒有遭到攻擊。底下的例子發生在一個典型的家庭中（我稱之為傳統家庭）。

強尼是二十二歲的學生，正打量著父親的舊皮衣。他說：「爸，你六十歲了，不會再穿這件衣服了，可以給我嗎？」

啟斯是教師，剛結束糟糕的一天回到家，因為不理解兒子那個世代的學生而感覺自己老了。偏偏強尼剛剛說的話又踩到他的地雷，啟斯不禁拉高分貝說：「是怎樣！你就不能等我死了再覬覦我的東西嗎？」

強尼覺得自己被罵得莫名其妙，彷彿掃到了颱風尾。「天哪，我只是隨口問問，你為何老是對我發脾氣？」

「我不是對你發脾氣，我只是不喜歡別人把我當成死人看待。」

這不是一個嚴重的爭論，我相信啟斯會想辦法結束這場口角。例如，把皮衣扔向強尼，並對他說：「拿去吧！」強尼可能回應：「我現在不想要了，你需要這件衣服，以便穿進棺材。」然後兩人笑著和解。但是萬一他們不明白當下的情況，他們還是會各自感到有點受傷，類似的事情還是很可能再次發生。

所以，讓我們假裝他們之間有個明智的調解者，藉此瞭解當下的情況。

「他希望我早點掛掉。」啟斯說。

「我才沒有！我只是想要他的皮衣罷了。」強尼說。

「那是同一回事。」啟斯說，但同時他也意識到那不是同一回事。

調解者說：「那不是同一回事，但是今天對你（啟斯）來說感覺是一樣的，強尼不可能會知道你的想法。你（啟斯）覺得自己受到攻擊了。由於強尼沒意識到你覺得自己受到攻擊了，他覺得你的反應莫名其妙，所以他做了反擊。」

強尼說：「我確實是那樣想。」

啟斯沉默不語，所以調解者對他說：「你感覺自己受到攻擊，並不表示你真的受到攻擊了。」

「他說我六十歲了！」啟斯抗辯。

調解者說：「對，他把自己的感受隱藏在一個事實背後，那是他從出生以來目睹所有的『事實網球』後所養成的習慣。你似乎覺得六十歲是很難接受的事實，所以你想抓住青春的象徵，例如那件皮衣。那樣做沒什麼不對，如果你真的那樣想，講出來也無妨。」

新版的對話可能是這樣的：

「我喜歡你的皮衣，可以給我嗎？」

「我需要一些時間考慮看看……我看得出來你很想要那件皮衣，但我還沒有準備好送出去。沒錯，我可能再也不會穿它了，但我需要一點時間來適應『我已經老了』這件事。目前，緊緊抓住年輕的衣物，對我來說是一種慰藉。」

「抱歉，我的要求讓你想起六十歲這件事。」
「哦，別擔心，我確實需要提醒。我感覺自己有點老了，不太懂一些學生在搞什麼。」
「例如什麼？」
「我才剛搞懂社群媒體是什麼玩意兒，但他們對我說『向左滑』是什麼意思？」
「來，我秀給你看。」

練習：拆解爭論

想想上次你和關愛你的人意見不合的狀況。先不要糾結於誰對誰錯，學習像強尼和啟斯的例子那樣拆解衝突的情況。接著，像前例所示，從後設觀點來觀察情況，並解析每個角色的感受。然後，扮演明智的調解者，思考如何改變爭論中的對話，以及如何讓對話變得更好。

底下是一份摘要清單，當你談論棘手的議題，或感到惱怒，或覺得你和對方快吵起來時，請記得以下幾點：

❶ **承認自己的感受，也考慮對方的感受**。也就是說，不要堅持自己是「對的」、對方是「錯的」；不要堅持自己「很聰明」、對方「愚不可及」。一個人老是堅持自己是對的，那是對一段關係或一個家庭最大的耗損力。與其想著誰對誰錯，你應該思考你們各自的感受。

❷ **定義你自己，而不是定義別人**。所以使用「我陳述句」，而不是「你陳述句」。

❸ **不要反應，而是反思**。你不必在每次反應之前都先反思（我並未主張你放棄所有的自發性），但是如果感到惱火或生氣，我覺得暫時停下來瞭解原因是個好主意。如果啟斯在上述例子中那樣做，他會意識到，兒子向他討皮衣時所觸發的怒火，其實不是兒子造成的。

❹ **接納你的脆弱，而不是害怕示弱**。在上述例子中，啟斯意識到自己害怕變老，他想以憤怒來掩蓋那種恐懼，而不是展現出脆弱。但是唯有展現脆弱，敞開心扉接納自己，才可能培養親近的關係。

❺ **不要逕自認定他人的意圖**。不要設想太多或是把自己的想法硬套在他人身上，想辦法瞭解對方的感受。如果你誤解對方了，就坦然承認。瞭解自己及對方的感受不僅是協商的基石，也是健全關係及同理心教養的基礎。啟動這種互動永不嫌遲。

我發現，父母能做到上述一切時，親子關係的模式通常會迅速改善。

培養善意

在夫妻之間或家庭之中，能夠顧及彼此的感受，需要大量的善意。如果你覺得自己在這方面特別欠缺，那需要好好加強。

怎麼做可以培養善意呢？似乎有兩種方式：❶回應對方尋求聯繫或關注的請求；❷在彼此身上尋求慰藉，而不是把對方視為對手。換句話說，就是要合作與協作，而不是競爭。

一九八六年，心理學家約翰・高特曼（John Gottman）和同事羅伯・李文森（Robert Levenson）在華盛頓大學建立愛情實驗室。其中一項實驗是要求夫妻談論他們的關係：討論一項意見分歧、談論他們相識的經過，以及一項共同的甜蜜記憶。

這些夫妻談論這些事情時，研究人員在他們身上裝了感應器，以衡量他們的壓力程度。每對夫妻表面上看起來都很平靜，但壓力測試的結果完全不是那麼一回事。只有幾對夫妻確實很平靜，但多數的夫妻心跳都很快，大量冒汗，而且大致上都顯現出「戰或逃」

的跡象。

不過，真正令人意外的結果，是在六年後的後續研究中揭曉。當年測出壓力大的夫妻，六年後要不是已經離異，就是關係生變，高特曼稱那些夫妻是「災難型夫妻」。當年受訪時毫無壓力跡象的人，他稱之為「美滿型夫妻」。

資料顯示，災難型夫妻彼此都覺得對方是一種威脅——比較像是對手，而不是朋友。高特曼對數千對夫妻做了長期的研究，結果發現，夫妻雙方的壓力指標愈高，離災難型愈近，離婚或失和的可能性愈高。

那麼，這些研究結果意味著什麼？伴侶在身邊讓你感到壓力愈大、威脅愈大時，你愈有可能以敵對或冷漠的態度對他。當你們的關係是建立在壓過對方、誰輸誰贏、誰對誰錯的基礎上時，你愈有可能對伴侶懷有敵意，而不是善意。那可能是一種關係的惡性循環。在我們的文化中，勝人一籌是一種很常見的相處方式，甚至連廣告也需要讓目標客群覺得自己比其他人優異（這種廣告的成效僅次於讓目標客群感覺自己充滿魅力）。我想到的是清潔用品的「笨爸爸」廣告，或是讓消費者覺得買了產品可以沾沾自喜的廣告，彷彿你已經證明了你比伴侶優越似的。

相反的，夫妻在一起感到平靜及舒服時，這使雙方更有可能對彼此展現溫情和深情。

高特曼做了另一個實驗，觀察一百三十對夫妻在渡假屋中一起社交一天。他發現，夫妻在一起時，會向對方提出聯繫的「要求」。例如，其中一人正在閱讀並說：「你聽聽這一段。」如果對方放下手邊的事情聆聽，那個人提出的聯繫要求就獲得滿足了。他是在尋求回應，那是一種支持或感興趣的象徵。

回應一個人的要求可以滿足他的情感需求。高特曼發現，那些六年後（在後續實驗中）已經分開的夫妻，平均只對十分之三的要求做出回應。這些日常的微小互動可以產生善意和互惠效果，少了它們，關係就無法維持下去。所以，和諧伴侶關係的關鍵，在於積極回應及感興趣。這個道理不僅適用在夫妻關係上，也適用在所有關係上，尤其是親子關係。

除了回應對方尋求關注的要求以外，還有一些事情也可以培養善意（或破壞善意）。你可以在伴侶、家庭成員、孩子的身上尋找值得欣賞的特質。或者，你也可以在他們身上尋找缺陷和錯誤。你可以選擇表達你的欣賞或批評。我知道我比較喜歡聽哪種話。你可以選擇做個善良的人——好消息是，善良是會感染的。如果你是單向對伴侶展現善意，研究顯示，伴侶也會感染你的善意，而跟著展現善意。

如果你的天平是失衡的，想辦法讓那個天平從批評對方，轉為找出值得欣賞的東西。這樣做不僅對伴侶關係或家人關係很重要，對整個生活也很重要。我從小成長的家庭比較偏重批評，而不是欣賞，我必須努力改變這點。當我不小心重蹈覆轍時，那感覺就像浸泡在一鍋有毒的批評湯裡一樣。

展現善良不是一種犧牲或缺乏自信的象徵。善良不是指你生氣時不透露自己的感受，而是你會說明你的感受及原因，但不會責怪或侮辱對方。

同樣重要的是，你的行為無意引起家人的不安或惱怒，並不表示那個行為就不會引發不滿。有人對你說過或做過的事情感覺難過時，即使你是無意的，你還是應該傾聽及確認對方的感受，而不是反駁或狡辯。我們需要謹記一點：每個人對相同的事情有不同的體驗。別人的體驗和我們不同，並沒有錯。個人體驗的差異需要彼此尊重，我們不該為此爭辯誰對誰錯。

市面上有很多種建議。有些建議告訴你，不要為了家庭和人際關係中的小事而煩惱。有些建議恰恰相反，他們建議在問題變大以前趁早解決。我認為，我們該鎖定的主要目標，是去理解對方的感受。即使彼此的感受不同，我們也應該去體會對方的想法，並希望對方也能反過來理解我們的感受。每個人都會因為獲得他人的傾聽、理解、共感而受惠。把這件事情變成家中的首要之務，那可以使你家變成更適合嬰兒降臨的好地方，也是孩子成長的好環境。

練習：注意對方提出的關注要求

多注意家人對你提出關注或聯繫的要求。可能的話，最好馬上回應那個要求，而不是置之不理。不管那個要求是來自伴侶、母親或孩子，都要這樣做。人際關係非常寶貴，回應對方的要求是維繫關係的一大關鍵。

雖然我們是個體，但我們也是系統的一部分，是環境的產物。誠如這個單元所示，我們可以做一些事情來幫這個系統和環境，變成更適合孩子成長的健全地方。

Part

3

感受

為人父母比任何事情更能教會我們以下的道理：人類是先有感覺，之後才動腦思考的；嬰兒與孩子特別重視感受。你如何因應及回應孩子的感受很重要，因為人類不分大小或你我，都需要生命中的重要人物來關注及瞭解自己的感受。

嬰兒純粹是憑感覺生活，你可以說他們就是感覺的動物。我們不見得瞭解嬰兒的一切感受，有時我們需要安撫他們好一段時間，他們才會覺得獲得撫慰。但你需要如此投入關愛，才能為孩子未來的情感健康打好基礎。如果你在孩子剛出生的那幾年認真地看待他的感受，嬰兒會逐漸知道，即使當下的感覺不好，情況也會好轉，尤其他知道自己可以跟有同理心的人分享感受的時候。

你敏銳地回應孩子的感受時，可以教導孩子如何和他的感受建立一種健康的關係，無論是什麼感受都可以——從極端的憤怒和悲傷，到滿足與心平氣和，再到興高采烈及慷慨大方的振奮感都包含在內。這是心理健康的基礎，這也是為什麼這個單元可能是全書最重要的部分。

學習如何包容感受

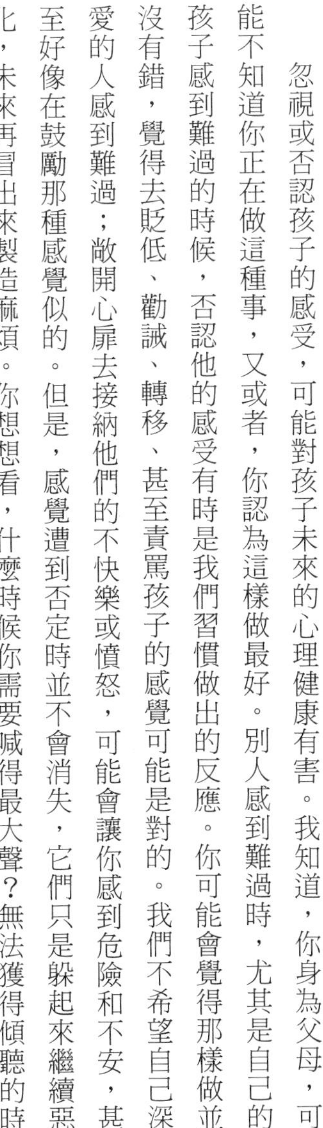

忽視或否認孩子的感受，可能對孩子未來的心理健康有害。我知道，你身為父母，可能不知道你正在做這種事，又或者，你認為這樣做最好。別人感到難過時，尤其是自己的孩子感到難過的時候，否認他的感受有時是我們習慣做出的反應。你可能會覺得那樣做並沒有錯，覺得去貶低、勸誡、轉移、甚至責罵孩子的感覺可能是對的。我們不希望自己深愛的人感到難過；敞開心扉去接納他們的不快樂或憤怒，可能會讓你感到危險和不安，甚至好像在鼓勵那種感覺似的。但是，感覺遭到否定時並不會消失，它們只是躲起來繼續惡化，未來再冒出來製造麻煩。你想想看，什麼時候你需要喊得最大聲？無法獲得傾聽的時候。感受是需要獲得傾聽的。

我不希望你為以前對孩子的感受所做的反應而難過，但我確實想強調：肯定、認真對待、確認孩子的感受非常重要。導致成人憂鬱症的最常見原因，不是現在發生在成人身上的事情，而是因為他們在童年時期，沒有從親子關係中學會如何獲得安撫。孩子得不到理解與安慰，還被告知不要想太多，或獨自哭著入睡，或獨自生悶氣時，隨著情感失調的次數逐漸增加，他們忍受不愉快或痛苦情緒的能力也會變得愈來愈差。那就好像一個容納痛苦情緒的空間，當你把太多的情緒硬塞進空間時，不久就滿出來了，再也無處可塞。當我們屢次獲得父母的安撫時，無論那是什麼感受，我們以後都會比較樂觀看待那些感受，未來也比較不容易陷入憂鬱或焦慮。沒有什麼方法可以保證一個人不罹患心理健康的問題，但是灌輸以下的信念確實有幫助：無論我們經歷什麼情緒，總是有人接納我們；無論我們感覺有多糟，一切總會雨過天晴。

切記，所有的父母都會犯錯，而導正錯誤比錯誤本身更重要。所以，如果你以為讓孩子感覺更好的最好辦法，是假裝沒注意到他們生氣或不高興，請不要擔心。你可以改變你面對孩子的感受所做的反應，讓他們感覺自己獲得關注與聆聽。當你開始以這種新的方式行動時，可能會感到奇怪，甚至很陌生，但那很容易變成你的習慣性反應。首先，想想你過去是如何回應孩子的感受。回應的方式主要有三種，你回應孩子感受的方式往往和你回應自己感受的方式很相似。你可能在這三種方式之間切換，視情緒或情況而定。

壓抑

如果你是壓抑者，遇到強烈的感受時，你的自然反應是推開那些感受並說「噓！安靜！」，或是說「別大驚小怪了，沒事沒事」，或「勇敢一點」。

如果你認為孩子的感受不重要，以後他們更不可能對你透露任何感受，不管你認為那些感受是否重要。

反應過度

另一個極端是你可能非常同情孩子，變得跟孩子一樣歇斯底里，陪著他一起哭，彷彿那是你的痛苦，不是他的。這是家長很容易犯的錯。例如，你剛送孩子上托兒所的頭幾天，你們都還不習慣那樣的安排。

如果你這樣全盤承接了孩子的感受，孩子以後也比較不願意對你透露任何情緒。他可能會認為他對你造成太大的負擔，或者你融入他的感受好像干擾了他。

包容

包容是指你可以肯定及確認你的所有感受。如果你可以為自己這麼做，你也會覺得為孩子這麼做很自然。你可以認真看待一種感受，但不過度反應，只保持克制和樂觀。你可能會說：「哦，親愛的，你看起來不開心，需要擁抱嗎？過來讓我抱一下，我會抱到你感覺好一點為止。」

如果孩子知道他會獲得你的關注及撫慰，但不會遭到評判，他更有可能告訴你發生了什麼事。

孩子所需要的，是父母成為包容他們感受的容器。這是指你陪在他身邊，知道並接納他的感受，但不會覺得他的感受令你難以招架。這是心理治療師為客戶做的事情之一。

身為容器是指目睹孩子的憤怒，理解他為什麼憤怒，或許也幫他用言語表達出來，並為他找到可接受的方式來表達憤怒，不會受到憤怒的懲罰或壓垮。其他的情緒也是如此。

每個人因童年的經歷不同，習慣的情緒也各不相同。那取決於我們在成長過程中把每個情緒和什麼東西聯想在一起。如果你成長在一個衝突不斷的家庭中，你可能對拉大嗓門或大吼大叫習以為常了，甚至還覺得打是情、罵是愛。相反的，如果你是成長在一個迴避衝突的家庭中，你可能對憤怒深感不安。如果你在成長過程中感覺自己受到操縱，你可能會對溫暖和關愛感到不信任或不安，因為你擔心那可能別有用心。

練習：你習慣自己的情緒嗎？

這個練習很適合用來觀察你對情緒的常見反應，包括你自己的情緒和孩子的情緒。每次只觀察一種情緒，你可以觀察恐懼、愛、憤怒、興奮、內疚、悲傷、快樂。你比較習慣哪種情緒？哪些情緒讓你覺得比較不安？你比較容易應付哪種情緒？如果是別人對你表露的情緒呢，或是你在別人身上看到的情緒呢？

我們都需要情緒，即使是令我們感到麻煩的情緒也是必要的。你可以把那些麻煩的情緒想成汽車儀表板上的警示燈。油箱的警示燈亮起時，你的反應不該是把警示燈移除，使它無法再閃爍，而是為汽車加油，讓它順利運作。感受也是如此，基本上，我們應該儘量不要忽視它們或壓抑它們，而是去關注它們，運用它們去找出我們需要什麼，這樣就能意識到自己想要什麼並把握機會去爭取。

確認感受的重要

我們所做的每件事、每個決定，都摻雜著感受。我們如何管理自己的感受，會影響到孩子如何學習管理他的感受。感受和本能是緊密相關的，如果我們否認孩子的感受，那可能會削弱他的本能。孩子的本能可以促進孩子的安全。例如，在好書《你會聽，孩子就肯說：親子溝通六大妙方》（*How to Talk So Kids Will Listen & Listen So Kids Will Talk*）中，作者提到一個孩子的故事。她和朋友一起去當地的游泳池，但很快就回家了。母親問道：「妳怎麼那麼快就獨自回來了？」女兒解釋，泳池邊有個大男孩想假裝成小狗舔他們的腳。她的朋友都覺得很好玩，但她覺得很噁心。我相信，她的朋友很可能是被父母訓練成對某些事情不做反應，他們的父母可能以前常對他們說：「別鬧了，別大驚小怪」，而不是鼓勵他們認真看待自己的感受。如果是這樣，那可能危及他們的安全。我們很容易忽視孩子的恐懼，例如嘗試新食物的恐懼。但如果我們告訴孩子別鬧了，而不是聆聽他們，他們可能真的以為有那種感受是在胡鬧，但那根本不是玩笑。

你可能心想，天啊，為了確保孩子安全、吃飽、乾淨，我需要做的事情已經夠難了。彷彿這一切還不夠辛苦似的，現在我還需要體會孩子的感受嗎？儘管我很討厭「秘訣」和「生活竅門」之類的東西，但如果親子教養有個大絕招的話，那可能是底下這招：不要為了孩子的感受而爭吵。你的八歲孩子可能說：「我不想上學。」當你趕時間、有自己的事情需要操心時，你很容易脫口說出：「你非去不可，就這樣！」但如果你說：「你現在真的很討厭上學，對吧？」孩子比較容易聽進去。那樣說可以啟動親子對話，而不是終止對話。

而且，否定孩子的感受非常迅速。例如，我們經常很匆忙，常一把抓住幼童，試圖幫他穿上外套，但孩子不喜歡你那樣做。於是，我們要求他自己穿上外套，但這時他已經打定主意不穿了。所以，你看，最好先花時間尊重孩子，肯定他的感受。也就是說，不要一把抓住他，而是提醒他穿上外套的時間到了，接著觀察、傾聽和反思他的感受。如果他拒穿外套，你可以說：「你討厭很熱的感覺，所以才不想穿外套。好吧，我們待會兒到外面，你開始覺得冷時再穿。」如果你早上總是很匆忙，那就早點起床，給自己多一點時間來尊重孩子的慢節奏及肯定他的感受。這樣一來，生活就比較不會像打仗一樣了。

一位名叫凱特的母親告訴我，她的孩子皮耶爾兩三歲時，每天都會因為有事惹他不開心，而大哭好幾次。

那些事情對我來說往往是無關緊要的小事，例如下雨或他摔了一跤，或是我告訴他，他不能在動物園和企鵝一起游泳。我試著去理解，因為我知道，對我來說微不足道的事，對幼童來說可能跟天塌下來差不多。但他四歲時，依然如此，我開始擔心皮耶爾

永遠無法培養挫折復原力，也開始覺得我可能對他太溫和了。也許我應該告訴他，他是在小題大做。但我沒有那樣做，因為我想起以前父母也會罵我胡鬧，或斥責我別再幼稚了，需要成長。

現在皮耶爾六歲，我發現他常連續好幾天不哭了。以前常讓他哭得悉哩嘩啦的問題，現在他懂得自己處理。他可能會說：「媽咪，沒關係，我們可以想辦法解決。」或「我膝蓋痛，抱我一下，應該一分鐘以後就不痛了。」那種變化是在不知不覺中逐漸發生的。我很高興我持續接納他的感受，安慰他。

儘管當時那樣做看起來非常耗時，凱特還是選擇了最合宜的方式。當我們責備孩子鬧脾氣時，我們給了孩子兩個哭泣的理由：一個是最初讓他感到難過的事。另一個想哭的原因是父母生氣了，而他們依然感到難過。你應該堅持安撫的理念，去感受孩子的情緒，而不是去處理。如果你認真看待孩子的感受，並在孩子需要時給予撫慰，他們將逐漸學會內化那種撫慰，以後就能夠自我安撫。

如果你成長的過程中，每次感到難過時，情緒都遭到否定，你很容易以同樣的模式對待自己的孩子。一種阻止你犯這種錯誤的方式，是像凱特那樣，回想起你以前難過的時候，大人的反應使你為自己的負面情緒感到更加難過。感到難過是人之常情。如果你因為難過而遭到斥責，而且成年後仍對此耿耿於懷，你現在遇到難過的事情而哭泣時，可能會不自覺地為自己的反應道歉。

如果你像凱特一樣，幼時的感受曾遭父母否定，你現在看到孩子表達那種情緒時，你很難接納孩子的感受，並忍住不責備孩子。你接納孩子的情緒時，感覺就像縱身躍入未知的領域一樣，其實那真的會給人那種感覺，因為你正在打破你與前面幾個世代的情感鏈。但切記，你這樣做是在為孩子的心理健康打基礎。順道一提，即使你反應不足或反應過度（尤其是後來大致導正以後），並不會永遠毀了孩子。

不管你的情緒有多強烈，習慣自己的情緒是控制及安撫孩子情緒的關鍵。如果你認為自己的感受不重要，你就無法充分包容孩子的情緒。如果你變得歇斯底里，你連自己的情緒都無法掌控了，更遑論接納孩子的情緒。

你可能需要練習處理自己的情緒，不是去壓抑情緒或變得歇斯底里，而是承認你的感受，並想辦法安撫自己或接受周遭人的幫助，讓他們來幫你安撫自己。一種作法是定義你的感受，而不是定義你自己。你可以為孩子做同樣的事情，所以不要說：「我很難過」或

「你很難過」，而是說：「我感到難過」或「你看起來好像感覺很難過」。使用這些字眼意味著你是在定義那種感覺，而不是認同它，注意這種細節可以產生很大的效果。

養成談論感受的習慣也很重要，包括你的感受和孩子的感受。隨著孩童日益成熟，大腦的邏輯思考會逐漸主導大腦的運作。這並不是說孩子會因此變得非常理性，人類永遠是感性導向的，但孩子可以學會使用圖片、繪畫、語言來談論及瞭解他的感受。透過這種方式，他們開始學會掌控情緒，而不是任憑情緒擺佈。孩子表達感受時，如果你能用文字或圖片來表達那些感受，那可以幫他理清頭緒及瞭解那些感受。

說「你似乎對那件事情感到很開心」很容易，但是要確認難過的感覺，或確認你希望孩子不要承受的感覺則比較困難。如果孩子因為你不准他在午餐前吃冰淇淋而哭泣，你確認「難過」的感受並不是指你讓他吃冰淇淋，或你放棄工作，讓孩子不必再去保母家，或屈服於孩子表達的任何不滿。那只是指你認真看待孩子的感受，你做決定時也會考慮到他的感受，你藉由確認及瞭解、而不是否認或分心來幫他抒解感受，你不會逃避及疏遠孩子。對於那些你不希望孩子抱持的感受（例如討厭兄弟姐妹或不想去探望奶奶），一開始你可能會覺得確認那些感受有風險。但是，如果孩子覺得自己獲得關注與理解，那確實會讓他少一件想抗議及哭訴的事情。

湯姆・博伊斯醫生（Tom Boyce）在二〇一九年一月出版的《蘭花與蒲公英》（*The Orchid and the Dandelion*）一書中談到，一九八九年加州發生大地震時，他和同事收集資料以瞭解入學壓力如何影響兒童的免疫系統。起初，研究人員覺得很沮喪，因為這種額外的壓力來源動搖了他們原本的研究，但後來他們決定利用這個機會來研究地震對兒童免疫系統的影響。他們寄給每個孩子一盒蠟筆和一些紙，請孩子「畫地震」。有些孩子畫出那場災難中快樂、愉快的畫面，有些孩子的圖畫展現出較多的悲痛，並畫出地震的可怕之處。你覺得地震後哪一組孩子的狀況比較健康？那些畫出快樂、樂觀圖片的孩子，遠比畫出恐懼、火災、死亡、災難的孩子遭受更多呼吸系統的疾病。博伊斯醫生認為，這意味著人類透過講故事、創造藝術來表達自我的方式（這是遠溯及遠古時代的人類特質），是一種勇於面對恐懼的方法，因為我們對那些事物表達得越多，漸漸地那些東西就變得沒那麼可怕了。表達悲傷雖然痛苦，但我們之所以把悲傷表達出來，是因為每次表達後，悲傷或多或少都會減少一些。

在書中，博伊斯醫生談到為什麼有些孩子特別敏感，以及環境如何對他們產生很大的影響。他稱那些孩子為蘭花，其他的孩子先天比較穩健，他稱那些孩子為蒲公英。我們無法知道你的寶寶究竟是蒲公英，還是蘭花，但蒲公英也可以從感受獲得傾聽中受益。父母敏銳地關注蘭花小孩的感覺很重要。每個人，無論是蒲公英還是蘭花，都能從感受獲得關注、認可及理解中受益——即使在相同的情況下，每個人的反應也有所不同。

下面的案例是一個蘭花小孩的故事，他名叫盧卡斯。他的父母和現在的多數家庭一樣，兩人都需要上班。如今，沒有多少家庭能享有一個家長全職待在家裡陪伴家人的幸福，而且全職待在家裡若不適合你的性格，你也會感到不滿足。孩子比較喜歡快樂的父母陪在身邊，而不是忍痛在家陪伴孩子的父母。所以我並未主張一個家長必須待在家裡，我主張的是讓孩子展現對世界、對家庭的感受，不要否認那些感受。這是因為孩子獲准表達所有的感受，而不只是合宜的感受時，孩子更有能力享受快樂。如果博伊斯醫生一九八九年對地震研究的詮釋是正確的，孩子能夠表達感受而且感受又獲得傾聽與理解時，他們的免疫系統也比較強。我們迫切希望孩子過得快樂，卻因為太愛他們，而陷入否認孩子感受的陷阱。我希望博伊斯醫生的研究及下面的故事可以提醒大家，那不是明智的作法。

否認感受的危險：個案研究

安妮絲與約翰都是熱情善良的人，他們深愛彼此，也深愛十歲的兒子盧卡斯。夫妻倆各自開了一間小公司，非常努力建立聲譽及累積客群。他們買了一間公寓，很高興這筆投資可以作為未來保障的一部分，但他們依然覺得財務上不是那麼安穩。

盧卡斯很小就上幼兒園，但從未適應幼兒園的生活，所以父母連續雇用了幾位互惠生（au pair）來照顧他。以他們的經濟狀況來說，他們只能請互惠生來照顧孩子，別無其他選擇。互惠生會帶盧卡斯上學，接他回家，學校放假時，也會陪伴他。沒有互惠生照顧時，朋友和盧卡斯的奶奶會幫忙照顧盧卡斯。安妮絲和約翰會確保他們一家三口週末聚在一起，盧卡斯看起來也很快樂。他們夫妻倆總是惦記著盧卡斯，隨時想著他，關愛他，期待看到他，但他們下班回到家時，盧卡斯往往已經睡著了。如果盧卡斯要求多看看他們，他們會答應週末帶他出去玩。盧卡斯似乎也覺得這樣不錯。

的確，盧卡斯看似不錯，但十歲時，他試圖從六樓高的窗戶跳出去。他之所以被即時攔住，是因為約翰剛好忘了東西，回公寓拿取，才設法把他拉了回來，當時互惠生正好在廚房裡洗餐具。我知道這個案例聽起來很嚇人，而且我必須強調，像盧卡斯這樣過得幸福卻企圖自殺，是很不尋常的事。

盧卡斯的父母知道這是緊急狀況，特地休店陪他，他們不知道盧卡斯的心裡那麼痛苦。約翰告訴我：「我想，我們只看到我們想看的東西。」約翰也不確定要不要讓孩子服用家醫推薦的抗憂鬱藥。他直覺認為，家裡肯定出了什麼問題，以藥物麻痺盧卡斯的感覺對他似乎不太好。他帶盧卡斯去看私人治療師。有時盧卡斯獨自去看治療師，有時是和父親或母親一同前往。盧卡斯向治療師透露，以前過節時，父母把他送到朋友家，接著又把他送到祖母家；回到家以後，他又是和互惠生在一起。他覺得自己好像是個麻煩，因為他聽到父母打電話安排別人照顧他，那些安排聽起來似乎很麻煩。一方面，他知道父母愛他，因為他們這樣告訴他，但他很難感受到父母的愛。他說：「有時我覺得自己好像燙手山芋。」

他也告訴治療師，有時他喜歡一個互惠生，但沒多久那個互惠生就離開了，換另一個來。接著，他覺得很難過，因為他明明很喜歡其中幾位互惠生，卻開始忘記他們。這讓他覺得，他們一定也忘記他了。

他不記得自己是從什麼時候開始感到難過的，他甚至不知道自己有難過的感覺。當他試圖告訴父母他的感受時，他們很難聽進去，所以他們試圖分散他的注意力或讓他開心起來，或乾脆否定那些感受。

為人父母最希望孩子快樂，所以孩子不快樂時，我們會想要說服孩子和自己他們很快樂。這樣做可能在短期內讓我們感覺好一些，但孩子會覺得沒人聆聽，受到忽視，內心孤寂。

約翰：

以前，如果盧卡斯說他不開心，或是看起來悶悶不樂，我會說：「別難過，我們週六會去動物園。」或「我會買新的遊戲機給你」之類的話。透過治療師溝通時，我們發現，他覺得我講那些話是在責備他。我很想說：「我不是那個意思！」但治療師會溫和地阻止我，請我確認盧卡斯說的話。

我覺得，如果我向盧卡斯確認他的說法，會讓他更難過。例如，盧卡斯說，他放學回家時，我無法陪在他身邊。要確認他的說法很難，但由於他試圖自殺對我們來說是一個很震撼的警訊，我們確實需要改變，所以我們照著治療師的話做了。

盧卡斯說他感到難過時，我學會問他那是什麼感覺，或是在哪裡有那種感覺，或他是否知道原因。當我們接納他的感受時，他覺得自己獲得了傾聽，而不是被推開。我很訝異，那樣做確實讓他感覺好多了。

我們也學到，光是告訴盧卡斯我們愛他是不夠的。我們需要讓他知道，他是我們的優先考量。他確實是我們的優先考量，所以我們才會那麼拼命工作。我們對他展現關愛的方式，應該是適時地陪伴他，而不是光在Skype上跟他說「晚安」或週末帶他出去玩而已。

為了在家陪伴盧卡斯一個月，我貸了一筆錢。我們一起玩樂，看卡通，去看治療師。盧卡斯的話不多，但他一開口，我都會注意聽。治療師教我認真傾聽，先不要想著修復什麼，那個月我努力照著治療師的方式做了。

現在盧卡斯復學了，我們夫妻倆確保至少一人在下午六點以前回到家，讓他每天晚上有兩小時的時間成為我們其中一人的優先考量。我們一起做晚餐，一起玩樂，或只是一起看電視。我希望那兩個小時都不看手機，我會盡量不看。

安妮絲覺得這一切對她來說困難許多。對於自己沒意識到盧卡斯的難過感受，她深感內疚，害怕失去盧卡斯，或怕他嚴重自殘。

父母的內疚對父母本身及孩子來說都毫無助益，唯有認錯及改變才有幫助。我會在本書中不斷地強調：沒有人是完美的，每個人都會犯錯。重點不是錯誤本身，而是我們如何改正錯誤。導致親子關係及孩子心理健康出問題的裂痕，只有在不修復時，才會變成問題。我也想要強調，治療師和盧卡斯發現，問題不在於父母都去上班，而是他對這件事情的感受令他感到非常孤單。就像那些經歷地震的孩子一樣——不是地震讓一些孩子容易生病，而是孩子能夠充分表達他們對災難的感受時，免疫系統比較強健。

我認為安妮絲的內疚可能與傳統的性別角色有關，她覺得自己比約翰更有責任照顧盧卡斯。當然，父母對孩子的責任是一樣的，但我們很難擺脫世代相傳的傳統觀念，這不表示那些觀念不該拋棄。這些事情需要討論，以免家庭成員之間觀點不合。

我希望安妮絲將來能夠感覺更好，因為她和約翰已經意識到他們的作法對盧卡斯的感受所造成的影響，他們也已經改正了。他們夫妻倆都學會如何確認自己的感受和經驗，現在他們很擅長為盧卡斯這麼做，也很擅長為自己及伴侶這麼做。

謝天謝地，多數的孩子不會想要自殺。但家長千萬不要等到警訊出現（諸如孩子在學校惹是生非、發怒、自殘、憂鬱或焦慮），才每天向孩子證明你把他放在心上，你很認真看待他的感受。你可以鼓勵孩子畫出或說出感受，然後接納那些感受。你應該讓孩子知道他的感受很重要。

言語的效果是有限的，行為可以讓效果進一步發揮。愛無法委託他人來做，有些育兒工作可以請人代勞，但愛無法代勞。此外，愛也無法延遲給予：它無法等到週末再給，孩子每天至少都需要從一位家長身上獲得愛。兒童精神科醫師兼精神分析學家唐納．溫尼考特（Donald Winnicott）觀看孩子玩捉迷藏時發現，「躲藏起來是一種樂趣，但沒人發現自己時卻是一種災難。」生活也是如此。成年及童年時期，我們可能都喜歡藏匿一些祕密，但如果沒有人在我們想要展現真實自我的地方和時間點看到我們，那可能導致災難。

破裂與修復及感受

思考感受時，應該隨時謹記著破裂與修復。我也希望我從來沒對自己的孩子說過嚴厲的話，或從來沒把自己的感受看得比孩子的感受還重要，但這些事情我都做過，就像我父母也對我做過一樣。但是，我的成長經歷和女兒的成長經歷還是有所不同，差別在於我的父母從來不承認他們的作法毫無道理或是錯的。即使我成年後，父母也從未為了他們對我的不當對待，或是他們被證明做錯了某件事，而對我道歉。我知道我不喜歡父母這樣對我，所以我下定決心，自己為人父母時，絕不重蹈覆轍。

儘管我立意良善，偶爾我的行為還是會令我後悔。做那些事情時，如果我當下發現錯誤，或事後意識到錯誤，我總是會向女兒道歉，或改變我的想法或作法。我和先生做了不當的行為時，會做出改變。我們犯錯時，會向女兒坦白。我不知道這樣做對她有什麼影響，這是一個實驗——在情感的家庭鏈上建立一個新環節。但我很早就發現這樣做的效果了。

我女兒弗洛約四歲的時候，某天下午她在廚房裡吃一塊蛋糕，她說：「媽媽，對不起，我剛剛在車上發脾氣，因為我餓了，現在我已經好了。」她對我說對不起。她是在反省自己的行為，並試圖修補她眼中的裂痕。我聽了興奮不已，我從來沒想過，當我為自己的不當行為承擔責任，而不是辯護或指責他人時，那可以讓孩子學會做同樣的事情。

當然，孩子是會學習的。孩子就像我們一樣，通常會以別人對待我們的方式來對待他人。敏感地關注情感，並在破裂後修復，總是比冷戰、爭吵、爭輸贏更好。

我記得的另一次我那麼興奮，是我女兒第一次說：「我快要生氣了。」她沒有直接展現憤怒，而是用言語表達出來。這樣一來，我就可以對她說：「這真的很討厭，對不對？」我這麼說讓她學會繼續談論自己的感受，而不是發脾氣。

去感受，而不是去處理

諾娃四歲，對某些慣例非常堅持。戴夫是諾娃的父親，對孩子的堅持束手無策。每次事情不照諾娃的意思做，她就會大發脾氣，例如無法坐在車內最喜歡的位子上。戴夫很討厭諾娃這種個性，他會跟諾娃爭論，或是哄她不要那麼堅持，但最後常搞得父女倆都一肚子火。

戴夫問我如何幫諾娃學會調適，不要堅持慣例。我提到確認孩子感受的重要，他決定試試看：

某天，諾娃有幾位表親需要搭便車，其中一人在不知情下坐了諾娃最喜歡的位子，她

哭了起來。面對這種情況，我以前通常會說：「別小題大做了，換個地方坐就好。」或是要求她的表親讓位給她。但那天我蹲下來，讓我們的視線位於同一平面上，我溫和地對她說：「妳看到麥克斯坐在妳的位子上，覺得很難過，妳真的很想坐在那裡，對不對？」她的哭聲稍微緩和了一些，並正眼看著我。我體會到她的感受，也感覺到她從我臉上看到了這點。我告訴她，下次她可以坐在那裡，接著問她：「現在妳想坐哪兒，是靠窗呢？還是前方的兒童座椅？」令我驚訝的是，她自己坐上兒童座椅，繫好安全帶，開始愉快地聊天。

責備諾娃，哄騙她不要那麼堅持，都只會導致她更加固執。當她看到父親真的感受到她的難過情緒時，她就沒必要再堅持自己的想法了。戴夫確認了諾娃的感受。那就好像你在冰上開車時，車子打滑一樣。如果你把車子轉開，車子會一直朝著同方向打滑。但如果你把車子轉向它，讓車輪與行駛方向對準，你就可以重新掌控汽車，之後就不會打滑了。

確認孩子的感受時，最困難的一點，是你有不同感受的時候。例如，七歲的孩子可能深深歎一口氣說：「我們從來不出去玩。」你一聽可能會反駁：「我們上週才去樂高樂園！」或「我們經常出遊啊！」你可能會覺得，你花那麼多心血和金錢帶孩子去主題樂園，孩子卻不知感恩，並為此感到生氣。

你明明想和孩子培養一輩子的親情，你也非常在乎孩子是否快樂，但你否認孩子的感受時，反而開始疏遠他了。這時要你改變反應可能有悖直覺，但是每個人看到自己的體驗獲得確認、而不是遭到質疑時，感覺會比較好，孩子也不例外。你應該要意識到，孩子只是在告訴你他的感受，並把握這個機會與他產生共鳴，談論他的感受，而不是把他推開。

否認難過的感受並不會讓它消失，那只會把那個感受推得更深。我們回頭來看上面的例子。

孩子：我們從來不出去玩。

大人：你好像覺得很無聊，很厭煩。

孩子：是啊，我們一整天都待在家裡。

大人：我們確實一整天都在家裡，你想做什麼？

孩子：我想再去一次樂高樂園。

大人：很好玩，對不對？

孩子：對啊。

孩子更有可能對這種對話感到滿意，比較不可能把對話升溫成爭吵。孩子並不傻，他們知道你不可能天天帶他們去樂高樂園，但他們需要讓父母知道他們想和父母在一起，和他們一起感受。重點是安撫他們的感覺，讓他們學習接納一個令人不快的課題：人生不見得都會按照他們想要的方式運作。

這對每個人來說都是如此，不分小孩或成人。當我們感覺不好時，我們不需要被治癒，我們想要的是有人感同身受，而不是被當成問題來處理。我們希望有人理解我們的感受，這樣一來，我們就不會有無人理解的孤獨感。

我的女兒弗洛已經成年了。前幾天她告訴我：「我覺得我考駕照沒過好丟臉。」沒有人想看自己的孩子難過，所以家長很容易犯下想要盡快幫孩子修復情緒的錯誤。於是，我急著安慰她：「沒必要覺得丟臉。」她回應：「不，我只需要擁抱。」

我們都會犯錯誤，現在我還是會做錯。但是，如果我們多去體會孩子的感受，盡量不要否定孩子的情緒，孩子會知道他們需要什麼，並懂得怎麼要求。

你不必等到孩子會說話，才確認他的感受並認真看待他。你可以解讀情境，思考孩子的感受，並把它轉化成話語。即使孩子會說話，他也可能無法像你那樣清楚地表達感受，這也是為什麼上述例子中，孩子把心中的感受描述成「我們從來不出去玩」，而不是真實的感受「我感到焦躁不安，關在屋子裡，不知道要做什麼」。家長把他觀察到的孩子感受轉變成話語，並在孩子回應「對啊」時，與孩子產生共鳴，因此促成了親子心靈相契的時刻。

床底下的怪物

孩子還小時，會提到床底下的鬼怪。這時你應該關注的，不是他講的故事或給的理由，而是他表達的感受。與其馬上否定床底下有怪物這種說法，不如說出怪物代表的感覺。「你聽起來很害怕，能多告訴我一些嗎？」或者，「我們來編一個有關怪物的故事吧，那些怪物叫什麼名字？」這樣做也許可以打敗那些怪物，使他們徹底退散。你可以採用符合你個人風格的方式，重點不在於我們說了什麼話，而是陪伴孩子，直到他們獲得安撫，而不是認為他們在胡鬧。那些怪物可能代表你在哄孩子就寢時的不耐煩，或是孩子無法用言語表達的複雜事情。即使我們不可能追溯到每種感覺的來源，那不表示那種感覺並不真實，感覺還是需要確認。

而且，你用一句「別鬧了，你知道怪物都是虛構的」來讓孩子覺得自己是在胡鬧，那也不太可能安撫孩子。

重要的是保持溝通管道的暢通。如果你告訴孩子他在胡鬧，藉此否定他的說辭，他不僅會學到以後再也不要跟你做這類「胡鬧」溝通，連其他你覺得不算胡鬧的溝通也會從此消失。

對我們來說，「胡鬧」和「不胡鬧」的區別很明顯，所以我們可能以為孩子也懂得區分。但沒有人能夠掌控自己的感受，即使同樣的情況使別人產生不同的感受，即使別人覺得那很胡鬧，那也無法改變我們的感受。

你應該成為孩子想要交談的對象。當奶奶為孩子做了美味的扁豆燉菜，孩子卻抱怨不好吃時，你可能會說孩子在胡鬧，但你那樣說以後，當可怕的鋼琴老師把手放在孩子腿上時，孩子可能會覺得告訴你這些也沒有用。我們覺得這兩件事情的差異很大，也很清楚，但是對小孩來說，那兩件事情都屬於「討厭的東西」。如果討厭的事情被你認定為無關緊要，孩子可能會覺得不值得再跟你透露那些事情，以免遭到你的否定。

你可能認為這個例子很極端，因為奶奶的燉菜和鋼琴老師摸孩子的大腿如此迥異，但孩子涉世未深，不像你有那麼多經歷，還沒讀過你閱讀的所有東西，也對性事懵懵懂懂。孩子可能還沒學到遭遇不當觸摸所產生的警訊，和吃到不喜歡的東西所產生的警訊不同。對他們來說，兩者都是感官受到攻擊。告訴孩子別胡鬧了，會切斷孩子與你的溝通，那可能是危險的事。

接納每種情緒的重要

如果有人問你希望孩子如何，你可能會回答：「我希望他們幸福快樂。」希望孩子有幸福快樂的能力不是壞事，但我們是否在「幸福快樂」這個概念上投入太多的想像？我們是否把「幸福快樂」想像成一幅完美的畫面，家人共享美好的時光，在草地上嬉鬧，在野花叢中野餐？

幸福快樂就像所有的感覺一樣，來來去去。事實上，如果你一直都很幸福快樂，你幾乎不會察覺到那種感覺，因為你沒有其他的情緒可以比較。為了讓孩子幸福快樂，父母必須接納他的所有情緒，以及他體驗世界的方方面面。大多時候，這些都不是很輕鬆愉快的事。

遭到責罵或心煩意亂都無法使人快樂。不管孩子經歷了什麼、有任何感受，你愈是完全地接納及關愛孩子，孩子愈有幸福快樂的能力。這不僅適用於你，也適用在孩子身上。我們需要接納自己及我們的所有情緒。

我記得我十二歲時，父母的朋友問我，我的童年快樂嗎。我告訴他：「不會，大多時候我不會覺得特別快樂。」我父親無意間聽到我這麼說，生氣地轉過身來反駁：「胡說！妳的童年很好，過得很快樂，妳剛剛是在胡說些什麼！」由於他是我父親——我摯愛的父親，雖然他很嚴厲——我心想那肯定是我搞錯了。當下我感到困惑，不確定自己的感受。

父母往往以為那些能讓自己快樂的事情，也能讓孩子快樂，但事實不見得如此——你很可能已經發現這點了。孩子看起來不開心時，你可能會覺得自己很失敗，接著你可能像我父親那樣，試圖以責罵孩子的方式逼孩子快樂起來，而不是自己感到不安。

如果當時的我知道這些道理，我父親反駁我時，我會更理解當下的感受，但是當時我的腦袋一片混亂。那種混亂的感覺是源自於我明明有某種感受，但我景仰的人卻告訴我，我沒有那種感受。在那團混亂的迷霧中，還摻雜著一種羞愧感，因為我好像誤解了什麼——我從來不曉得我到底哪裡錯了——而且一錯再錯。

我父親錯過了一個和我產生共鳴的機會，也許不是在當下，而是在他的朋友離開以後。他本來可以詢問我的感受，而不是把我的回答（不管那個回答是什麼）視為一種對他的攻擊。他本來可以幫我把感受表達出來，試著以我的方式來看世界。我並不是說他必須改變他對世界的看法，但他可以試著去瞭解，我的觀點也是一種看待事物及看待自己的有效方法。

如果你不把孩子的悲傷、憤怒、恐懼當成需要糾正的負面情緒，而是把那些情緒視為進一步瞭解孩子、與孩子培養關係的機會，你可以讓親子關係變得更加深厚。你這樣做時，就很可能提高孩子幸福快樂的能力。

如果你下班回到家對伴侶說：「今天上班的感覺很糟。」對方回應：「不可能那麼糟。」你可能會覺得自己未獲得關注或聆聽，甚至可能覺得自己被當成耳邊風。如果你經常得到這樣的反應，你可能以後再也不想對他吐露心聲了。

但是，如果伴侶回你：「告訴我，發生了什麼事。」你說出來了。如果你告訴伴侶，老闆很爛，他自己不小心，害你每件事都要做兩次。伴侶聽你這麼說以後，回應：「難怪你覺得今天很糟。」你可能會開始覺得好一點。

如果伴侶是以「嗯，你應該……」這樣的開頭回你，並給你建議，你可能會感覺更糟。如果伴侶回應：「你看窗外那隻可愛的松鼠。」你可能會完全停止談論工作，畢竟，繼續談下去有什麼意義呢？松鼠也許可以幫你忘記不開心的事情，但是尚未解開的不滿情緒依舊會回來。

切記，當你幼年的孩子、成年的孩子，甚至你的伴侶向你傾訴痛苦的感覺時，儘管你覺得確認那種感受好像會讓事情變糟，但你其實是在幫他克服情緒，從而把狀況變好。

孩子在學校裡過了糟糕的一天，你對他發揮同理心可能很容易。但是萬一你真的不喜歡孩子描述的狀況，那怎麼辦？例如，孩子說：「我不喜歡嬰兒，我希望你把他送回醫院。」一遇到這種情況時，傾聽變得更加重要，你需要試著去理解及確認他的感受。你可以說：「最近你真的很懷念只有你和我在一起的時光，難怪你會希望嬰兒離開。」或者，「所有的訪客都在逗嬰兒開心，對你似乎不夠關心，這很不公平。」或者，「現在你當哥哥是什麼感覺？」無論孩子的回答是什麼，你都要接納它。你無法要求一個孩子愛他的兄弟姐妹，孩子很清楚自己的感受，他需要一個安全的容器來容納那些感受。

要求快樂

精神分析學家亞當．菲利浦斯（Adam Phillips）說，要求快樂反而會破壞生活。生活中必然有苦有樂，如果我們試圖消除痛苦，以快樂來掩蓋痛苦或麻痺痛苦，或以轉移我們或他人的注意力來忘卻痛苦，我們就無法學會接納及調整它。

我們在生活中常有一些目標，並以為實現那些目標以後，我們就會感到「快樂」。有時實現目標確實會讓人快樂，但我們對滿意人生的推測往往是錯的。那些充滿微笑、大笑、迷人人物、美好建築、閃亮汽車、美麗物品的照片，可能在不知不覺中誤導了我們。那些照片不必訴諸文字，就讓我們以為那是我們想要的。廣告不會顯示長相平庸的人克服心魔，學會接受無可避免的痛苦，並找到自主性和快樂。

當你試圖阻擋「負面」的感受時，也同時阻擋了正面的感受——這是一個應該普遍獲得大家肯定的真理。誠如治療師傑瑞．海德（Jerry Hyde）所言：「情緒不是混音台，它們只有主音量。你無法淡化悲傷和痛苦，並強化幸福和快樂。你只要把一種情緒調低，所有的情緒都會一併調低。」

在嬰兒和孩童接觸到物質文化所帶來的快樂以前，他們比較清楚什麼可以讓他們心滿意足——心靈相通。那是一種獲得父母或照顧者的理解，並在環境中找到意義的感覺，所以他們會覺得心靈相犀。為了獲得理解，孩子需要我們接納他的所有感受，包括憤怒、恐懼、悲傷和快樂。除非我們能體會自己的感受，否則我們無法做到那樣。

當你希望孩子幸福時，不管消費主義灌輸你什麼觀念，那應該和擁有物質無關。那也應該和成為最聰明、最富有、最高、最耀眼的人無關，而是和親子關係的素質有關。

我們學習與父母及兄弟姐妹相處的方式會變成一種習慣，並成為我們未來所有人際關係的藍圖。如果我們習慣堅持自己是對的，一定要追求最好的，一定要擁有物質的東西，一定要隱藏真正的感受，而且內心的想法和感受無法獲得接納，這類動態可能阻止我們培養追求親密及快樂的能力。但是，確認孩子的感受可以強化親子關係。

希拉蕊是單親媽媽，經營美髮生意。

塔西三歲時，弟弟納森出生了。我照著大家的建議，去買了一個禮物給塔西，說是嬰兒送她的，但她沒有受騙。她說：「小嬰兒沒有錢，也不能去店裡買東西。」一開始，大家告訴她，她當姊姊了，她本來很高興，並自豪地告訴訪客。但是過一段時間後，

家裡多一個嬰兒的新鮮感就消失了，她開始發脾氣，不願合作，開始尿床。過程中，我基於一片善意，一直告訴她，她喜歡當姊姊，但她的行為反而愈來愈糟。

某晚，哄她睡覺特別累人，坦白說，那感覺很糟，事後我反覆思索那件事。我回想起我自己的妹妹出生時，我有多討厭她，當時我也覺得討厭妹妹使我成為糟糕的人。後來，隨著我們年齡漸長，我知道自己很糟糕，因為每次我欺負妹妹時，每個人都這樣說我，但我就是忍不住想欺負妹妹。我覺得我和妹妹只應該有一個人存在，不是她、就是我。坦白講，我現在還是會無緣無故生我妹妹的氣。

我意識到，試圖強迫塔西喜歡納森，對她和我都沒有好處。我開始為塔西感到難過，並決定去瞭解她的感受，幫她把感受清楚地表達出來。我要持續這樣做，直到我們母女倆培養出共鳴為止，因為我覺得我們現在太疏離了。

第二天早上，我說：「妳真的很討厭納森在這裡，對不對？」她不發一語。我接著說：「我記得小阿姨出生時，我也覺得她很討厭。那時，就像我對妳一樣，每個人都告訴我，我一定很愛她，但我根本不喜歡。塔西，讓妳覺得很難過，我很抱歉。」

那天，她調皮搗蛋時，我沒有責備她，我只是繼續說：「我必須餵嬰兒，不能陪妳玩時，妳很不高興，對不對？塔西，對不起。」每當她想跟我分享東西，或等待某件事，或是感到麻煩的時候，我就會試著描述她當下的感受。

塔西沒有馬上高興起來，但是到了傍晚，她的行為已經有所改善。我們感覺更親近了，因為我不是去對付她的感受，而是去感覺。能夠重新獲得她的合作實在太好了。她甚至開始幫我拿尿布和濕巾，並告訴我納森睡醒了。那天晚上是納森出生以來，她第一次沒尿床。

我學到的是，孩子有任何感受時，無論有多麻煩，無論我多想否定那種感受，我都需要把它找出來，檢查我的瞭解是否正確，並確認他的感覺。前幾天我們離開公園時，現年三歲的納森想再去噴泉底下玩最後一次，但我剛剛才幫他擦乾身體，換上乾衣服。他要是再去玩一次，就得全身濕透回車上。我母親試圖說服他，說他不會想要全身濕透搭車，但他就是聽不進去。於是，我請母親別再勸他了，並對納森說：「你真的想再淋濕，對不對？很抱歉讓你失望了。」我母親很訝異納森聽完我這麼說以後，竟然乖乖地離開了。

我也很高興告訴大家，納森和塔西之間雖然會爭吵，但大多時候他們還是玩在一起或各自玩耍，沒有敵意。

練習：體會他人的感受

平時練習體會別人的感受，等真實的情境出現時，你更容易做到感同身受。想像一個人或一群人對某事的看法與你不同。例如，他們投票支持的對象與你不同。與其認為他們愚不可及，你應該想想他們的處境、希望和恐懼。站在他們的角度，試著理解他們為什麼會做出與你不同的決定。跟他們一起體會他們的感受。

發揮同理心比乍看之下來得困難。那不是要你放棄自己的觀點，而是真正明白及瞭解為什麼別人有那種感覺，最重要的是，你要跟他們一起去體會那種感受。

從感受中轉移注意力

有些家長很喜歡用「轉移注意力」這種方法，使孩子不去想他們正在經歷的事情。這是家長常用的招數，但通常不太恰當，因為分散注意力只是一種把戲。長遠來看，操弄孩子並無法幫孩子培養快樂的能力。

直視嬰兒的眼睛，你只會看到他的真誠。我認為孩子不管年齡多大，都應該得到我們的尊重。分散注意力這招感覺並不真誠，而是一種操縱手段，那對孩子的智慧也是一種侮辱。

分散注意力傳達出什麼訊息？想像你摔倒了，膝蓋嚴重擦傷。如果伴侶漠不關心或對你的疼痛、流血或尷尬不感興趣，而是指著一隻松鼠，或是承諾你可以玩最愛的電玩，你有什麼感受？

我並不是說分散注意力這招永遠沒有派上用場的適當時機，但我覺得這不該當成一種操縱的策略。例如，孩子需要做某種療程，你告訴他，不要把注意力放在打針上，而是把注意力放在你撫摸其前額的感覺上，那可以讓他感覺沒那麼痛。在這個例子中，你不是在欺騙孩子——他知道即將發生什麼事——你是以分散注意力的方式來安撫他。

你的孩子可能以你對待他的方式來對待你。如果你想和孩子討論成績單，他卻指著窗外說：「你看！有松鼠！」你應該也不喜歡他用那種方式來分散你的注意力。

你也可以告訴幼兒園的老師和保母，你更希望孩子的感受獲得共感，而不是想辦法分散孩子的注意力。把小孩的注意力從另一個小孩緊握的玩具上移開，以避免他們發生衝突——那樣做並不會幫孩子理解，也不會幫他們學習如何面對衝突。迴避棘手的感受，不是我們學習如何處理感受的方式。

如果孩子想要一個東西，你不想給他（例如你的車鑰匙），他需要知道他不能擁有的原因，這不能靠暫時分散注意力來解決。孩子需要聽到你說，你不喜歡他玩弄你的鑰匙，而不是聽你說：「噢！你看這個洋娃娃。」你可以用類似下面的句子來幫他克服失落感，而不是轉移他的注意力：「你因為我不給你鑰匙而生氣，我聽得出來你很憤怒。」只要你維持冷靜，接納孩子的情緒，他們也會學習控制情緒。那樣做所花的時間可能比轉移注意力還要漫長，但投入的時間可以幫孩子學會內化那些技能。

如果你不斷以分散注意力的方式，幫孩子抽離當下的感受或體驗，你也在無意間導致他們難以專注。你可以這樣想：如果你的孩子傷害了自己，或感覺受到傷害，或願望遭到否定，你讓他從感受中抽離，而不是幫他解決問題，那會導致他難以把注意力放在棘手的事情上。你並不希望孩子在做棘手的任務時容易分心。

但我認為那種不必要的干擾有一個最糟的缺點：那會阻礙你與孩子培養良好、開放、親近的關係。

你之所以會想要以分散注意力或否定孩子的感受來淡化孩子的經歷，還有一個原因：你是透過自己的眼睛、而不是孩子的眼睛來看情況。

例如，你已經成年，你不能跟母親一起去上班，那不是什麼大不了的事情。但是對兩三歲的幼童來說，他可能會覺得那就像世界末日一樣。我們可能因為自己造成孩子的痛苦而感到內疚，所以否認孩子的痛苦，讓我們感覺比較放心。

那麼，如果你的伴侶出去上班，兩三歲的孩子似乎對此傷心欲絕，你該怎麼辦？如果你是那個上班的家長，你可以帶著信心離開。如果你很冷靜、堅定、樂觀，孩子更有可能感到安全。重點是不要偷偷溜出去，而是帶著關心和善意離開。如果你對離家上班感到心慌意亂，你的表現可能會變得太戲劇化，那對孩子毫無幫助。如果你忽視了孩子受到的傷害，你就無法成為他們的榜樣。確認孩子的感受，給他一個擁抱，並以溫和的方式說一些話，例如：「你不想讓我去上班對不對？我傍晚就回來了。」

如果你是在家帶孩子的家長或照顧者，你需要做的是，在孩子鬧情緒時陪伴他。這是指確認剛剛發生的事情，你可能說：「你不想讓媽媽出去，你覺得很難過。」其實你仔細想想，你愛的人離開時，你感到悲傷是完全合情合理的。你可以告訴孩子，媽媽什麼時候回來。「媽媽傍晚就回來了。」不要謊報那個人離開的時間，那樣做會導致孩子學到扭曲的時間觀念，或下次再也不相信你說的話了。

陪在孩子身邊，關注他，也關注你自己的不安。給予關懷，但不要反應過度。保持冷靜，不要放任孩子獨自哭泣。不要分散孩子的注意力，或「壓抑」他們的感受，或說他們的感覺不真實。持續聆聽，必要時給予孩子擁抱。一段時間後，孩子可能自己找到一項活動，或者你也可以建議他從事某項活動，但是他感到痛苦的當下，先不要急著讓他轉移注意力。你可以想像，當你失去深愛的人、你覺得沒有他活不下去時，這時有個人走過來，把你由衷的感受推到一邊，而不是尊重你的感受，你會有什麼感覺。一旦你表達了自己的想法，並開始接受現狀時，你會更開明地接納別人建議的活動。那和你感到痛苦時，別人卻要求你看玩具兵跳滑稽的舞蹈是截然不同的。

練習：思考分散注意力

想想你感到沮喪的時候，在你準備好以看電影或讀書來分散注意力之前，你需要多少時間才能用言語來表達那些感受，並試著去理解那些感受及適應它們？雖然我們和孩子感到難過的事情不同，這不表示他們的感覺不像我們的感覺那麼強烈或真實。

嬰兒忍不住就真情流露。隨著時間推移，孩子可以學習觀察自己的感受以掌控情緒，但他無法獨自學習做到這點。他需要有人在成長的過程中，接納及包容他的所有感受。

當我們迫切希望孩子幸福快樂時，有時我們會因為他們生氣或悲傷而把他們推開。但是為了培養良好的心理健康，孩子的感受需要獲得接納，他們也需要學習以大家可接受的方法來表達所有的感受——對成年人來說也是如此。所以，我們應該接納自己的感受，而不是加以否定。接納孩子的任何感受也是必要的，你可以幫孩子把感受用言語（或圖片）表達出來。我們是在幫他處理那些感受，也是在幫他找出傳達感受的可行方法。

Part

4

奠定基礎

懷孕

在這本書中突然插入一章談為人父母的最初階段——懷孕——似乎有些奇怪。然而，即使你的孩子已經出生，或甚至是青少年或成人了，這章也可以幫你更瞭解親子關係與現況。如果你的親子關係正好陷入僵局，這章的觀念可以幫你修復關係。如果你和孩子的關係才剛開起步，這章可以指引你，朝著大家都企盼的終身親近關係發展。

我常看到父母把孩子當成可有效率地對待、處理或改正的東西。這通常是因為家長很忙，生活忙碌，這也是他們從上一代獲得的教養方式。傳統的主流觀點認為，養兒育女這件事可以輕易塞進繁忙的生活中，但這往往是有代價的。如果你不把孩子當人看待，而是把他們當成事情來處理，不去瞭解他們的感受，你可能會發現，孩子十幾歲或成年後，你想跟他們交談時，他們卻不太想理你。

底下案例的主角是一個三十八歲的女人和她的八十一歲母親，你可能覺得這個案例與懷孕沒什麼關係。但如果你尚未懷孕生子，懷孕是你反思你和父母的關係，並思考你未來想和孩子培養什麼關係的好時機。你可以思考如何培養誠實、開放的親子關係，不受角色扮演的限制。

我們與孩子之間有一種情感上的羈絆。娜塔莉告訴我下面的故事，她和母親之間確實有情感上的羈絆，但羈絆不單只是一種親子關係而已，那也可以是一種心靈相契，兼具愛與喜歡的感覺。那也是誠實、開放的關係可為我們帶來的效益。

娜塔莉說：「你見到我媽，會覺得她是個很好的女人，甚至很迷人——她確實是這樣。只不過，我跟她在一起時，總覺得很不自在。我覺得我該多去看她，但不知怎的，我就是不想去，還得勉強自己才行。」

誠如娜塔莉所述，他們的親子關係顯然有點不對勁。後來有一次娜塔莉去探望母親時，對於癥結所在，終於有了更多的瞭解。

幾年前，我冒險做了一個決定。我心想，如果我對我媽更真實坦白一點，也許她也會對我更真實坦白。所以我告訴她我的真實感受，我也告訴她，自從我和先生離異後，我不時會陷入憂鬱的狀態。我媽聽完以後只回我：「哦，我過得很愉快。」然後我們的對話就結束了。

當下我恍然大悟，我發現她根本不想接納我的「痛苦」感受，我甚至覺得她也不想承認自己的「痛苦」感受。所以我情緒低落時，對她來說，那可能是某種威脅。我試著討論問題，但她始終緊閉心門。

我想對我媽好一點，但三十八年過去了，我們的母女關係變成「相敬如冰」，只做禮貌性的交談，無法再更進一步。

我懷布里姬時，我知道，我不希望以後我老了，她只是義務性來探望我。我希望她是真的很想來，我希望她覺得很自在，可以跟我分享任何事情。懷孕的時候，我常想著如何培養母女關係。我心想，如果我覺得我和我媽在一起很不自在，很可能我媽也覺得跟我在一起很不自在。

這樣講可能很好笑，但我下定決心，跟女兒在一起的時候，我一定要做自己。布里姬出生時，我感受到只有嬰兒才能給你的那種強烈真誠感，我知道那樣做是正確的。我決定盡我所能獎勵她的真誠。當然，誠實的程度必須與年齡相符。

我很努力接納布里姬的每種情緒，不單只是接納她的微笑而已。我也很努力接納自己的情緒。我現在知道，孩子經常哭鬧、難以平靜時，那種情況有多辛苦。每次我遇到時，總是百感交集，感到無能為力、憤怒——凌晨三點，我也會和她一起哭。但我知道，我是在感受那些情緒，我接納它們並努力展現關愛，以我自己希望被照顧的方式來對待她。

我無法安撫布里姬時，必須努力讓自己不要洩氣。有時要壓抑自己不去修復問題很難，尤其是無法馬上看到成效的時候。但我會努力陪伴她，在她身邊，試著去瞭解。我不是說這很容易，也不是說我每次都能辦到，但我會對她說話。我和她在一起時，會全心全意投注在她身上。我不想照著育兒手冊來養育孩子，我想做自己。我希望這樣做對布里姬有幫助，可以讓她長大以後在我面前也做自己。

如果你即將迎接新生兒或已經為人父母，你能做的最好事情，是把眼光放得長遠。我的意思是說，我們不該把嬰兒、幼童或青少年視為需要餵養、清潔或導正的雜務，而是打從一開始就把他們當成「人」看待，當成培養終生關係的對象。這樣做最有可能培養充滿關愛又可靠的親子關係。

為人父母後，你開始和孩子培養一種關係，那種關係可能逐年強化。事實上，那種關係的基礎是在懷孕期間奠定的。孩子開始獨立自主、擁有自己的社交圈及伴侶後，當你們持續關注彼此的生活與擔憂時，那種關係仍會持續成長。

交感巫術

親子關係一般是如何開始的？你宣佈懷孕後，往往會收到一連串有關膳食與行動的建議和禁忌。那些內容因文化與時間而異，但遭到大量的建議轟炸，幾乎是每個孕婦的共同體驗。

看到那麼多規則與建議需要遵循，你可能會因此以為真的有所謂「最佳的」懷孕方式……你可能在不知不覺中相信，真的有完美的父母能生出完美的孩子。

我認為這種思維非但對親子關係毫無助益，還可能干擾親子關係。相信懷孕、分娩、養育孩子是可以優化的，那可能讓人以為我們是把一個東西帶來這個世界，以便把它打造得盡善盡美，而不是把一個生命帶來這個世界，以便和他培養一輩子的關係。與其追求不可能的完美，意識到懷孕與親子教養不是一個專案，那反而更好。我一再強調，懷孕是為了把一個生命帶到這個世界，你想和那個生命培養一輩子充滿愛的關係。

你需要思考如何因應那些懷孕規則與建議，還有第二個原因。有些建議可能真的有幫助，但遵守所有的規則並做好所有的預防措施，可能會給人一種錯覺：你以為你可以掌控懷孕，或掌控你遺傳給孩子的染色體與疾病。

你應該這樣想：懷孕的規則五花八門，因文化而異。不過，家長發現自己沒有確實遵守那些建議時，可能會陷入恐慌。例如，在英國，有人建議孕婦不要食用未經高溫消毒的乳製品。如果你在懷孕前吃了一些，可能會擔心自己感染了一些可怕的東西，因此傷到寶寶。

你可能也會聽到一些風險警告，但事實上，懷孕是不可能做到完全安全的，因為懷孕本身就是一種風險。你的孩子可能異於大多數的孩子，因此不符合那個嚴苛的「完美」標準，但你是在創造一個人來關愛與呵護，而不是在創造藝術品。

有些文化認為，懷孕若要完美，夫妻應該在分娩前、甚至分娩期間盡量性交，例如巴布亞紐幾內亞的卡利亞人就是這麼想。卡利亞人也相信，孕婦若是吃了狐蝠（他們文化中的常見食物），孩子可能精神異常，或像狐蝠一樣顫抖。

世界各地都有這種風俗禁忌，人類學家稱這種現象為「交感巫術」（sympathetic magic）：與母親懷孕或哺乳期間所吃或所做的事情有關的現象。無論別人叫你遵守什麼規則，無論那是有科學證明的醫學建議、還是民間傳說，那都取決於你生活在世界的哪個地方，而且那些建議的內容還會持續改變。我不是要你忽視醫學建議，但你確實需要思考一下那些建議給你什麼感覺。

你看到底下這個來自耶魯大學的研究時，可能會很開心：在第三孕期，每週吃五份以上巧克力的孕婦，罹患妊娠毒血症的風險少了四十％。顯然，懷孕吃巧克力還有更多的理由。二〇〇四年，赫爾辛基大學的卡特莉．萊科寧（Katri Raikkonen）研究孕婦攝取的巧克力量和嬰兒的行為之間有何關連。嬰兒六個月大時，研究人員衡量不同類別的行為，包括恐懼、多容易安撫、多常微笑與咯咯笑等等。研究結果發現，天天吃巧克力的孕婦所生的孩子比較活潑，也比較常笑。他們也測量母親的壓力水準。結果顯示，壓力大的孕婦若是常吃巧克力，嬰兒面對新情況時所顯現的恐懼，比不常吃巧克力的孕婦所產下的寶寶少。

這類建議的問題在於，如果你知道的時候太晚了，你可能會覺得你害了寶寶。例如，我得知巧克力的建議時，已經太晚了。我不常吃巧克力，但我的寶寶還是很常笑。交感巫術無論是醫學證明、還是傳統偏方，在我們確實遵守時，可以讓我們安心；在我們沒遵守時，可能讓我們陷入恐慌。前面說過，我們對懷孕的掌控力比我們所想的還少。

創傷引發的極度壓力（有時稱為有害壓力，例如懷孕期間身體持續暴露在危險中），確實會對胎兒的發育產生不利的影響。營養不良也是如此。當然，我們都會盡量避免那些事情。至於正常的壓力，例如面對棘手的工作或歧見，那可能不會影響胎兒。

懷孕可能面臨孩子畸形或夭折的風險。對於這種風險，你很可能無能為力，任何魔法也幫不了你，無論是避免吃狐蝠或避開任何禁忌都於事無補。

我認為最有幫助的交感巫術，是把懷孕的經歷想成一種胎教，彷彿子宮是在對胎兒講述出生以後的狀況。所以，如果你很開心、很放鬆、吃得好、很樂觀，子宮告訴胎兒的故事，是你和孩子都希望他出生以後繼續下去的故事。

啟動這個故事的一種方法，是注意你收到那些懷孕建議時的感受。必要時，把感覺從恐懼轉向樂觀。我覺得，不要把胎兒想成可能出狀況的東西，對孕婦比較好。老是擔心胎兒可能出問題，並無法為雙方都滿意的親子關係打造最好的基礎。我們對一個人的看法會變成習慣，而胎兒正是一個人形成的開端。

你應該把焦點放在那些會順利發生的事情上，而不是你聽到的恐怖故事，或是別人難產的故事。好心情會影響胎兒。看向你想前進的方向，而不是把注意力放在你不想去的地方，會使你的觀點更正面積極，也可以為親子關係打下更好的基礎。（此外，萬一最糟的情況真的發生了，提前被嚇到也無法減輕悲傷。）

對孩子抱持樂觀，是一種必要養成的習慣。為了孩子好，我們需要相信他會成長、學習、掌握事情的訣竅。我知道我景仰的人相信我的時候，我做任何事情都會容易許多，我相信我有這種感覺並非異類。例如，若不是經紀人對我有信心，我不可能嘗試寫這本書。

同樣的，孩子也需要你的信心，才能成長茁壯。你可以在懷孕期間養成這種樂觀的習慣。

在認識新朋友之前，你可能聽過別人提起他。你還沒開始瞭解這個人之前，就已經開始對他產生印象了。想想你聽到的話，對於你對這個人的看法有什麼影響。我們可能以為，在見到及親自認識對方之前，我們不會妄下判斷。但根據我的經驗，多數人多多少少都有先入為主的看法。

安妮．墨菲．波兒（Annie Murphy Paul）在《九個月，孩子大不同》（*Origins*）一書中描述一項實驗。研究人員請一百二十位孕婦描述胎動的情況。如果孕婦知道懷的是男嬰或女嬰，她們用來描述胎動的語言有顯著的差異。常用於女性胎兒的關鍵字是「溫和」、「翻滾」、「安靜」，常用於男性胎兒的關鍵字是「活潑」、「有力」、「拳打腳踢」。孕婦不知道胎兒性別時，不會使用這些常見用語。這只是我們需要自己注意，以免在孩子出生以前就對孩子抱持太多預期的諸多項目之一。我們應該要養成觀察的習慣，而不是妄下評斷。

你如何看待胎兒，也會影響未來的親子關係。如果你習慣把胎兒想成寄生蟲、任性的入侵者、負擔、想像的朋友、活神仙，或前述幾項的組合，那可能會影響未來的親子關係。那也會影響你究竟是擔心看到孩子出世，還是期待與孩子見面（希望你是後者）。

練習：你對胎兒有什麼想法？

你想著胎兒時，觀察你自己的狀況。想想你是怎麼看待他的，以及那種看法可能對未來的親子關係產生什麼影響。這可以幫你選擇，你想以什麼方式和這個尚未謀面的人建立關係。

對胎兒說話，大聲說出來，以強化你們的關係。懷孕十八週以後，胎兒就能聽到聲音。你會聽到自己的聲音，瞭解你和這個人的關係，那可以幫你更清楚知道你為這段關係帶來了什麼。如此一來，寶寶出生時，你就會養成跟他說話的習慣，也會習慣把他當成一個人看待。

你是哪類家長？

《生育的心理過程》（*Psychological Processes of Childbearing*）是近三十年前首次出版的開創性著作，如今書裡的內容依然適用，作者喬安・拉斐爾—萊夫（Joan Raphael-Leff）把家長分成兩種類型：管控型和引導型。她指出，管控型的家長是以成人為中心，依循慣例；引導型的家長是以兒童為中心，順著嬰兒發展來運作，而不是試圖讓嬰兒去適應家長。

如果你是管控型家長，你比較喜歡讓寶寶養成例常的習慣。管控型的家長認為，每天同一時間發生同樣的事情，可以讓孩子產生安全感，因為孩子知道會發生什麼，不會有意外發生。父母也知道什麼時候該做什麼，如果他們有請保母，保母也會依循日常慣例。喜歡秩序與架構、覺得知道什麼時候會發生什麼事情比較放心的人，會受到這種概念的吸引。

引導型的家長也相信可預測性對孩子很重要，但他們重視的不是一成不變的常規，而是給孩子可預測的反應。所以嬰兒知道他們發出的訊號會得到回應，他們的需求通常會獲得滿足。這個理論的概念是，嬰兒知道自己的世界是安全的，這讓他感到安心。

爭論哪種家長比較好，沒有多大的意義，因為基於文化或你自己成長的模式，你會偏向其中一種。而且你也不會定型，那個角色是流動的。剛生下第一胎時，你可能是引導型，因為只有一個孩子需要照顧時，你可以配合孩子的需要。等你又多一個孩子時，你可能會依循更多的慣例，好讓每個孩子的需求都獲得滿足。例如，如果你要接送老大上下學，可能無法讓嬰兒繼續睡，嬰兒可能需要跟著你去學校一趟。

有時父母可能一方是引導型，另一方是管控型。遇到這種情況時，搬出大量事實來佐證你喜歡的育兒理念沒有多大的幫助。引用事實、數據、表格、統計資料來佐證你的論點，反而更有可能導致你們堅守各自的立場。

你可能覺得你的立場是基於事實，而不是憑感覺。但我們通常會去找符合內心感覺的事實，而不是反過來以事實來檢驗感受。你應該和伴侶討論感受，而不是事實，儘量不要堅持你認定是對或錯的事情。感受就只是感受而已，從來沒有對錯之分。如果你承認你偏向引導型或管控型是因為那比較適合你，而不是因為你相信那對孩子比較好，那可以幫你避免因循守舊，墨守成規。

無論你比較偏向哪種理念，切記，在親子關係方面，接納、溫馨、仁慈是最重要的（多數的人際關係也是如此）。

拉斐爾－萊夫注意到，引導型的母親在懷孕期間更容易受到情緒波動的影響，管控型的母親比較不受影響。她也發現，引導型的母親會更用心地觀察內在，為內在的奇妙變化感到驚嘆；管控型的母親則希望盡量保有自己的正常角色，不要變成另一種狀態，她甚至可能覺得懷孕是一種侵擾。引導型的母親比較可能把胎兒視為想像的朋友。

引導型的母親認為自己的身份因懷孕而強化了；管控型的母親則是覺得自己的身份似乎受到威脅。引導型可能把分娩視為她和孩子的人生轉變，但管控型可能把分娩視為痛苦的活動。我之所以提起這些差異，是為了幫你把那些感覺正常化。如果你周遭的孕婦及家長大多與你的類型相反，你可能會感到孤單。

很多主張單一類型的論點、習俗、傳統、指示、書籍都想說服你，其中一種類型比較好。但真正重要的是，不管你屬於哪一型，你都應該誠實面對孩子與自己。這樣做表示你承認你的先天傾向與感受，也表示你是因為先天傾向與感受，而肯定你自己的作法。

準父母的練習

注意即將為人父母的體驗，在你的身上喚起了什麼感覺。

你正積極奔向為人父母的道路呢？還是感到焦慮不安，想要逃離？

注意你對於為人父母的期望。思考如何管理這些期望，並注意那些期望如何影響你的行為。舉例來說，如果你充滿擔憂，老是想著「萬一……怎麼辦？」，可以試著把「萬一……怎麼辦？」改成「如果……那又怎樣？」如果你以為孩子需要用哄騙的方式才會乖乖聽話，你可以挑戰那個想法，思考如何跟孩子培養關係，而不是操弄孩子。把你的身體想成你和寶寶溝通的主要方式，想像寶寶開始熟悉你的身體並感到自在，想像你也開始覺得孩子在肚子裡很自在。開始對寶寶說話，他可以聽見你的聲音。期待與寶寶見面的一天。

如果你是非親生父母或沒和小孩同住的父母，你可以做這個練習，並和另一半討論這個練習帶給你們各自的感覺。

已經為人父母者的練習

如果讀完上述內容後，你覺得自己懷孕期間的態度是「錯的」——例如，你覺得壓力很大，很情緒化，那可能是荷爾蒙造成的，也可能是因為你需要擔心很多事情——你應該立即原諒自己。我們都想要理解周遭的世界，因為理解可以給我們一種掌控感。但理解世界時，不要讓自己覺得你造成了無法修復的裂痕。例如，你可能告訴自己，你或伴侶在你懷孕期間非常擔心，以至於孩子現在有注意力不集中的問題。孩子之所以是現在的樣子，可能不是任何環境因素造成的。與其懷疑你懷孕時做錯了什麼，現在注意觀察孩子的狀況，更能幫孩子解決問題。你可以承認你是根據懷孕當時所擁有的知識和資源，為自己做最好的決定，藉此忘卻那次充滿壓力的懷孕體驗。自責對任何人都沒有幫助。

寶寶與你

接下來幾頁是談你與寶寶第一次見面的方式、分娩，以及產後最初幾分鐘、幾小時、幾週、幾個月的感受。雖然我們都希望分娩時順順利利，馬上與寶寶產生緊密的連結；雖然大家常把這段時間描述成人生中最重要的時刻，那其實不是童話故事，而是真實人生。也就是說，事情可能不會照計畫進行。我也覺得，為了讓我們感到安心，為了讓我們安度分娩過程及分娩後的最初幾天，我們可能需要很多交感巫術。必要時或想要時，請尋求幫助——沒有人能獨自面對這件事。當你需要建議時，只聽從那些讓你感覺安心的建議，而不是那些你覺得很誇張的建議。在令人放心的建議指引下，你會覺得日子過得一如往常，不會因為日子不符合完美的理想而覺得不對勁。

規劃分娩

你可能已經考慮過哪種分娩方式適合你——可能是無痛分娩，或水中分娩，或某種介於兩者之間的分娩方式。

花點時間做些研究是值得的。你應該為你認為最理想、最少創傷的分娩方式做計畫，因為那樣做更有可能讓你和寶寶有一個好的開始。

我相信你一定聽過其他產婦的分娩經驗，你的分娩不見得會照計畫進行。你可能原本計畫打無痛分娩針卻無法打；你也可能原本決定自然分娩，最後卻緊急改成剖腹產。但只要你盡量維持計畫的彈性，並在必要時改變計畫，事先規劃可以讓你更貼近想要的分娩方式。那有點像規劃你想要的生活：你所能做的，是朝著你想要的方向前進，然後靈活地因應你無法控制的狀況。

我懷孕的時候，想要一個平靜、自然、安詳的分娩，所以我為此規劃了一套分娩計畫。我確實希望以那種方式生下孩子，但女兒出生的過程完全出乎意料之外。嬰兒的心跳下降——臍帶纏繞她的脖子三圈——所以現場必須打開大燈，以真空吸引器迅速把嬰兒拉出來。不過，很多人的平靜分娩計畫確實按照計畫進行了。

我女兒一出生就馬上被送進加護病房。我感到一陣失落，因為我覺得產婦和新生兒一開始就有肌膚接觸很重要（我現在仍這麼想）。不過，至少我們都還活著。後來檢查顯示她沒有問題，但院方還是採取了預防措施，以防問題發生。我可以下床後，馬上去了那個加護病房，去見我女兒。現場的醫護人員竭盡所能要我離開，但依然趕不走我。這個故事我已經講過好幾次了，而且我也需要講那麼多次，因為我覺得那次分娩經驗實在太震撼了。如今過了二十五年，我可以心平氣和地講述那段往事，但還是需要一點時間。

講述分娩經驗

在懷孕與分娩結束後，無論過程有多麼痛苦或震撼，只要嬰兒是活的，大家似乎都覺得我們應該心存感激。但我認為，除了心存感激以外，講述經驗也很重要，而且為了重新獲得一種平衡感，你覺得你需要講多少次都沒關係。這可能也是你懷孕時，聽到可怕的分娩經驗比順產經驗還多的原因——因為經歷震撼的人可能更需要講述經驗。

成為新手父母本身就是一件很難的事，更何況是克服分娩時遇到的任何狀況。即使那是一次美好的經驗，你也可能覺得那是一次重大事件，需要講述出來。

有些母親對於自己的分娩經驗感到內疚或失望。但是請記得，世界上沒有十全十美的事情。人生的意義，就是在每次出現出乎意料的狀況時，盡快讓人生回歸正軌。出了什麼問題並不重要，重要的是我們如何解決問題。你努力去瞭解寶寶並建立親子關係時，就是在回歸正軌。

女兒出生後與我分離，我不知道那段經驗是否增加了我身為新手媽媽的焦慮，或是使她剛出生那幾個月顯得比較焦躁。或許，即使沒有那段分娩後的母女分離，我們也是如此。但我確實知道的是，女兒剛出生的那幾個月，我有時會覺得孩子似乎很難安撫，這讓我感到焦慮。我覺得她出生時受了太多苦。我逐漸學會安撫她以後，確實覺得自己在過程中也獲得了些許安慰。所以，如果分娩對她來說是一種創傷（對我來說也是），最終我們母女倆都修復了那個創痛。

乳房爬行

面對孩子的時候，我們往往很匆忙。例如，我們匆匆忙忙地進入分娩，加速分娩過程，迅速把寶寶送去餵母乳，急著訓練孩子睡一整夜、斷奶、坐立、站起來、走路、說話、獨立、置產、為退休儲蓄等等。但如果我們放慢速度，好好觀察孩子能做什麼，我們可以學習不疾不徐的生活，孩子可以教我們更活在當下。

有一個驚人的例子是發生在產後不久的時候。寶寶剛出生時，先天就懂得自己尋找乳房，研究人員把這種現象稱為「乳房爬行」（breast crawl）。瑞典卡羅琳學院的魏德史頓（Widerström）與其他的研究人員發現，嬰兒出生後，直接把他放在母親的腹部，嬰兒會自己找到母親的乳房。剛開始約十五分鐘，幾乎沒什麼動靜，接著嬰兒會動用腿部來推動身體前進，中間穿插著幾次休息。

約莫三十五分鐘的時候，嬰兒先把手放到嘴邊，手部抓握的反射動作使他能夠碰到乳頭並刺激乳頭。四十五分鐘後，開始出現搜尋及吸吮的動作。五十五分鐘後，嬰兒會自己找到乳頭並開始吮吸。隨後的研究也一再顯示同樣的結果。而且，如果母親的乳房上有羊水，嬰兒似乎更容易自己找到乳房。

嬰兒天生就有尋找乳頭的本能，這點並不令人意外，因為這對其他哺乳動物的新生兒來說也是常態。就像其他的動物一樣，嬰兒有多種自然的反應以促進生存，其中最明顯的一種反應是哭著告訴你，他需要你的陪伴，或需要換尿布、擁抱或餵食。

另一項研究顯示，相較於放在母親旁邊嬰兒床內的嬰兒，與母親持續保持肌膚接觸的嬰兒哭得較少。產後二十五分鐘，那些有肌膚接觸的嬰兒平均只哭六十秒，那些放在嬰兒床上的嬰兒平均哭了十八分鐘。產後五十五到六十分鐘，那些有機會做乳房爬行並持續保持肌膚接觸的嬰兒根本沒哭，對照組則哭了十六分鐘以上。產後八十五到九十分鐘，有肌膚接觸的嬰兒平均只哭十秒，放在嬰兒床內的嬰兒則哭了十二分鐘以上。

嬰兒似乎跟其他的哺乳動物一樣，會自然地做這些事情，但我們似乎太熱衷於干擾這個過程。還有一些事情也可能造成干擾，例如止痛藥或剖腹產。很多嬰兒（可能包括你我小時候）被剝奪了這種自發性的生命開端……有些人整體來說後來發展得很平衡，各種功能都很正常，也懂得關愛那些可以培養終生美好關係與友誼的人。

上述的乳房爬行研究顯示，我們可以觀察寶寶，並藉此瞭解他們能做什麼及需要什麼。觀察寶寶時，我們可以用一種更自然的互動節奏，從觀察中獲得更多的線索，而不是單向地對寶寶做事情。讓寶寶發揮本能去做乳房爬行或其他自然的行動（例如盯著你看、哭著呼喚你），是在尊重他，信任他，也是從一開始就幫他瞭解，他不是單純接受別人行動的東西，而是一個有行動力的人，一個與你有關係的人。

最初的關係

懷孕期間，你的身體持續透過你的感受、膳食、周遭的聲音、身體提供的養分，來告訴胎兒你的故事，以及你周遭環境的故事。寶寶出生後，那個故事仍會繼續下去。許多父母對新生兒會立即產生親密的關係，而且充滿了愛，就像艾瑪一樣。

我擔心我無法和孩子（約翰）建立親密關係，因為我對別人的孩子從來不感興趣。但護士把約翰放到我懷裡時，我知道他很棒，我非常愛他。我的分娩持續了十個小時，其間我走了很多路，用了一個生產凳，那對我有效。分娩過程很痛苦，但隨著宮縮一波又一波地來襲，中間的空檔我確實都能休息一下。我覺得，事先知道分娩會遇到什麼狀況幫助很大。分娩快結束時，我出現漲氣。約翰出生後，我為其他的媽媽感到難過，因為我覺得她們的孩子都沒有約翰那麼好看！我並未意識到，分娩是如此特別的體驗，所以多數的母親和我都有同樣的想法和感受。我不知道其他的媽媽可能也覺得她們的孩子比較好看而同情我！

像艾瑪那樣的反應，可能是因為「愛的荷爾蒙」催產素激增所致。分娩過程中施打的藥物，或分娩過程中受到的驚嚇或創傷，可能會干擾催產素的釋放——這表示你可能不會出現艾瑪描述的那種母愛盈滿的狀態。

米雅的經歷就是如此。

我的孩子盧卡是人工引產的，分娩過程極其痛苦，是我體驗過最嚴重的疼痛。我無法打無痛分娩針，因為麻醉師無法把針扎進去。

盧卡出生時，我除了感到震驚以外，沒有其他的感覺。我媽陪我生產，我請她抱著盧卡，我不知道為什麼，我就是覺得自己還沒準備好。後來，盧卡被送到新生兒加護病房一天。

產後最初兩週，我甚至難以相信他是我兒子。我還認真考慮做DNA測試，因為我確信加護病房應該搞混了我的孩子和別人的孩子。幸好有我媽在身邊，她平靜地傾聽我的想法與憂慮，不跟我的感受爭辯。她只告訴我，那種感覺不會一直存在。我媽陪伴我們母子倆一個月。她常說：「哦，盧卡的眼睛很像妳」、「他就像妳小時候一樣」。

漸漸地，我開始和盧卡親近了起來。

直到盧卡六個月大時，我才真正感覺到我們母子之間終於有了牢固的關係。在嬰兒游泳課中，我把他抱在泳池裡，他揮著拳頭打水。他抬頭看著我，笑了起來——我們一起相視而笑。

坦白講，剛開始幾個月很難熬。我覺得我是「假裝」我們的母子關係很親密，那樣做雖然幫我撐過來了，但也令我感到沮喪。

不要因此以為你是怪胎，或覺得你是「唯一」有這種產後感受的人。你需要的是一個願意傾聽你及接受你的感受的對象，好讓你也接受自己的感受。你需要接受你目前的狀況，而不是責備自己沒達到你認為該達到的境界。這是米雅與盧卡建立親密關係的關鍵。米雅的母親沒跟她爭論，也沒告訴她，她的感覺是錯的，只是確認她的想法而已。

練習：寶寶有什麼感覺？

躺在地板上。想像一下，當下你感到孤獨、饑餓、口渴、不舒服，卻無法以言語表達的感覺——你不知道該用什麼言語思考，也不知道該用什麼語言交流。想像一下，你只有身體與感受，但無法坐起來或翻身，沒有歸屬感是什麼樣子，你只能躺在那裡體驗感受。現在，想像一下，有人來拯救你，把你抱起來，讓你感到舒服，摟在懷裡，使你產生歸屬感是什麼感覺，儘管你依然無法用言語表達，沒有過去，沒有未來，只有現在、身體和感覺。

支援：為了呵護孩子，我們也需要獲得呵護

你感到空虛疲累時，可能很難給孩子時間、尊重和溫暖的回應。那可能只是因為你現在感到筋疲力竭，或是因為你小時候父母也沒給你那些東西。為了呵護孩子，我們也需要獲得呵護。不過，話又說回來，你可能也會驚訝地發現，自己竟然有那麼多潛藏的能量，

而且竟然可以撐很久。不過，潛藏的能量畢竟不是無限的，如果你真的感到疲憊，請尋求支援。

那種支援可能是實際的幫助，讓你有餘裕更關注孩子或補充睡眠。那種支援也可能是找到傾聽你的人，陪你一起感受。育兒所衍生的感覺獲得傾聽，不遭到評判，那不見得一定要由訓練有素的心理治療師來做。親友只要能接受及理解為人父母常見的模糊狀況，都很適合擔任這種傾聽者。我們需要記得，我們的感覺或想像的事情並不會傷害孩子，我們對待孩子的方式才會傷到他們。想想馬克的例子（見P. 32）。他心裡想要逃離，但逃離的念頭並未對兒子產生不利的影響，因為他並未真的離開。

以下是夏綠蒂的故事：

我曾經有想要傷害孩子（羅珊）的可怕念頭。她晚上哭個不停，不斷地吵醒我，我實在很想把她扔出去或搖晃她。這些想法比她的哭泣更令我心煩，我為此感到羞愧，心想我要是對任何人透露那個想法，羅珊可能會被強制帶離我身邊。接著，我又胡思亂想，或許羅珊真的應該被帶走比較好。以前我有類似想法的唯一經驗，是青春期時想

要殺死父母。但那些想法不像我對女兒的想法那麼侵擾。我是真的覺得我可能失控傷了她。我再也受不了自己的時候，鼓起勇氣向姊姊傾訴。她告訴我，每個人偶爾都有可能這樣想，她的因應方式是看著自己那樣想，彷彿在聽一個討厭的人說話，但你根本不想被他影響。光是讓姊姊接納我是正常的，而不是認為我瘋了，確實對我有幫助。我覺得，從此以後，內心那個想要傷害女兒的念頭就開始淡去了。我知道萬一那個念頭再出現，我可以再找姊姊談一談。當初早點說出來就好了。

身為父母，如果我們覺得自己不能談論不得體的想法、感受或想像，那些想法會變得更大、更難管理。能夠談論那些想法、找個地方宣洩感受很重要，這樣才不會真的去做那些事情而害了孩子。

你需要的支援，是一個真正傾聽你的人，一個理解你的意思、接納你的所有感覺、不會覺得那些事情難以應付的人，他就像某種平靜的容器，接納你的一切。那個人之所以能夠平心靜氣，是因為他知道，無論你有什麼焦慮或經歷什麼厄運，那些事情終究都會過去。他的溫和樂觀可以幫你渡過難關。這就是前例中米雅從母親獲得的幫助，也是本例中夏綠蒂從姊姊那裡獲得的幫助。

你需要這種支援，因為寶寶也需要你包容他的所有感覺，而不是覺得他難以應付。你的任務是為孩子提供這種支援性的關係。除非你也得到這種支援，否則你很難給予任何人這種關注。你可能需要告訴你最親近的人，這是你需要的協助。

你可能也需要實際的幫助。周遭有些人可能很擅長猜測你需要協助並主動幫忙。但如果你周遭的人不擅長這樣做，你需要主動尋求協助。此外，不是只有母親需要情感上的支援，父親也需要。人類不該是孤立、沉默、堅強的，我們是群居動物，是團體的成員，你應該尋求團體的協助。現在要養活一個家庭比上一代困難得多，因為現在買房或租房的費用是過去的好幾倍。我認為，在我們等待政治人物改正這種不公平的狀況時，或許上一代的人可以在經濟與情感上幫助新手父母。

我們需要協助，以便與孩子培養親密關係，而不是把孩子推開。希娜的故事顯示為什麼會發生那種情況，以及萬一發生那種情況，如何回歸正軌。希娜是兼職造型師，她已經有兩個孩子，又懷了雙胞胎。

希娜臨盆前的一個月，被告知雙胞胎中有一個胎兒發育不佳，需要引產。那次分娩對希娜和雙胞胎來說都是痛苦又危險的經驗。雙胞胎中的其中一個（查理）出生時很好，另一個（泰德）需要許多協助，也需要放在保溫箱裡。希娜和可憐的泰德留在醫院，查理先回家了。住院那四週，希娜持續幫助及照顧泰德，直到泰德出院。希娜的伴侶賈德是知名的音樂家，工作時間很長，常在外巡演演出，他可能真的分身乏術，或覺得自己無法在這個時候抽出更多的時間陪伴家人。他可能也擔心，如果他老是想著妻子分娩時差點母子一起喪命，他可能無法控制情緒。大家常說男人必須「堅強」，我覺得這種觀點造成的傷害比帶來的效益還多。

希娜出院回家後，依然無法適應自己是雙胞胎的母親。她繼續雇用之前協助照顧孩子的看護師來照顧查理。在認知層面上，她知道查理是她的孩子，但實際上她沒有那種感覺——她覺得查理是看護師的孩子，泰德才是她的孩子。由於這種想法令她很不安，她想擺脫這種想法，相信一切都很正常。

為了不胡思亂想，希娜刻意向大家展示她過得很好。她經常出去，常上酒吧，直到凌晨才回家。她的感受像衝擊一樣不斷地打擊她——生雙胞胎的衝擊、難產的衝擊、差點失去泰德的衝擊，以及最糟的，覺得查理不是親生兒所帶來的衝擊。每次她感到這些衝擊時，她沒有深入探究，而是花更多的錢請保母來照顧孩子，讓她有機會外出，擺脫那些想法。

每次查理哭泣時，她從來不會想要安撫他。如果保母正好不在，她會叫其他的孩子、賈德、她的母親或清潔工幫忙安撫——她後來說：「反正除了我以外，任何人都行。」她自己安撫查理的方式，是想辦法轉移他的注意力，而不是安撫他度過痛苦——就像她試圖轉移自己的注意力，以免被自己的感受壓垮一樣。

直到查理四歲左右，希娜才在情感上接受他是她的兒子。她說：「我想，我有三年多的時間，一直處於震驚的狀態。但我開始走出陰影時，才意識到這點。」

這一切對查理有什麼影響？現在，這對雙胞胎十歲了。希娜的另兩個孩子和泰德都過得無憂無慮，只有查理很焦慮、很黏人。他似乎覺得他無法把任何人際關係視為理所當然，他覺得為了討人喜歡，他必須努力付出。希娜說，查理願意為泰德做任何事情，即使泰德不會禮尚往來，或至少尚未如此回應。有時，朋友和兄姐會覺得查理想要取悅別人是一種缺乏自信的表現，覺得他很煩。這使問題雪上加霜，也使他更努力想要獲得他人的接納。他對人際關係的不安全感，很可能是因為剛出生那段期間他與母親分離，以及母親回來後又無法與他培養親密的親子關係所致。希娜說，查理只在一個情況下比較放鬆：她和他獨處的時候。但是希娜有工作，又有四個孩子，要抽出時間和查理獨處並不容易。

不過，每週希娜都會和查理一起去上一次藝術課，就只有他們兩人同行。希娜說這樣做很有幫助。藝術課若是遇到假期停課，她還是會把上課的那兩個小時騰出來，陪查理一起做藝術品，就只有他們兩個人。

我問希娜，早期她要是做了哪些改變，就不會有這些問題了。她覺得，那次分娩要是沒那麼痛苦，她就不會承受那麼多的震撼，她覺得那些震撼是導致她不願承認自己是雙胞胎母親的一個原因。但她認為，造成關係破裂的主因，是孩子出生後的那四週，她無法和查理在一起。她說，出院回到家後，她覺得：「他聞起來不像我的孩子，但泰德聞起來像。」她也覺得，當初若是接受心理輔導，她就能坦然面對發生的一切，並說出那件事情對她的影響。儘管查理在哭，希望希娜能注意到他，但希娜也需要獲得理解及關注。由於她無法瞭解自己的感受，她也無法瞭解別人感受，尤其是查理的感受。不理解查理的感受讓她比較容易分散注意力，逃離查理，把他交給保母照顧。

如今希娜很喜歡查理，也很喜歡和查理獨處的時光。她盡可能抽出時間陪他，藉此修補早期的裂痕。養兒育女的時候，我們只能盡最大的努力。我一再強調，親子關係方面，關係破裂並不重要，重要的是你如何修復它。

現在希娜正在鞏固她與查理的關係，查理對他們的關係日益放心。隨著渴望獲得接納的心漸漸消失，查理變得愈來愈快樂。雖然我們不再像嬰兒時期那樣有如海綿般大量吸收，但我們也不是冥頑不靈的石頭。我們一輩子持續建立人際關係，也可以重新培養關係。如果希娜沒有處理她與查理的關係破裂，查理長大以後，在愛戀關係上也可能出現同樣的不安全感。對他來說，愛更像是一種渴望獲得接納的痛苦，而不是快樂的結合。

將來，查理可能需要更多的協助，才能在人際關係上展現更多的信任，不再那麼痛苦。他可能需要父母告訴他早年經歷的那些故事，他才能理解為什麼自己會有那些感受。那可以幫他理解，他之所以會有那種感覺並不是他自己的錯，更不是因為他不像別人那麼討喜，而是因為嬰兒時期很容易受到影響。

希娜的伴侶賈德，並未注意到希娜沒和查理建立親密關係。他自己也沒有試圖和查理建立關係。如果查理出生以來，他就擔負起照顧孩子的主要角色，而不是完全依賴保母來滿足查理的所有需求，我相信查理對人際關係會比較放心。我很支持家長在育兒方面多找一些人手幫忙，但孩子依然需要和父母建立主要的關係。

我之所以講這個故事，不是為了責怪希娜和賈德。賈德的作法跟他家裡的所有男人和許多以前的男人一樣——把早期的育兒工作留給母親與保母。這種文化型態很難打破，除非我們充分意識到它的存在並提出質疑，否則這已經根深柢固了。

希娜學會以分散注意力的方式來因應這種棘手情緒，而不是努力克服它，可能是因為她小時候的照護者也是以這種方式來對她。就像她的先生認為育兒不是男人的職責一樣，我們很容易相信某種行為是「自然的」，但那其實是別人灌輸我們的觀念，那種觀念可能對親子關係有害。這不是身為「壞」父母或「好」父母的問題，每個人都盡了最大的努力。但是，如果我們能讓自己盡量意識到文化與教養的影響和信念，我們就能修復裂痕，促進更穩健的發展。

多數父母在育兒方面需要親戚或保母的幫忙，以便投入工作，甚至只是抽個空去洗澡。然而，孩子人生中最重要的人應該是父母（切記，我所謂的「父母」，是指對孩子負有主要責任的人，所以「父母」可能是指養父母、繼父母、監護人、代孕父母，而不是暫時協助育兒責任的人）。每個人都需要一個主要關係作為人生中的精神支柱。保母終有離開的一天，那可能會破壞主要關係，對未來產生影響。孩子需要感覺到父母把他們放在首位，尤其是剛生出來的那幾年。他們需要感覺到自己是需要獲得理解的人，而不是被委派出去的任務。

練習：你需要什麼支援？

在一張紙的中間寫上你的名字，或畫一個代表你的符號。在你的周圍，寫下或畫出你的支援網絡。想一下誰會自然地支持你，你會想向誰求助。例如，你的母親可能會出現，問正確的問題，傾聽你的訴說，並主動表示幫你支付一年的房租；你的姊姊可能二話不說就幫你打理伙食；你的伴侶可能陪伴你，幫你打掃家裡，維持家計。其他的幫忙可能需要你自己去張羅，例如創立一個群體，號召處境相似的父母加入，或者在需要時去尋求專業協助。如果那些外在支援會主動發生，就從他們畫一條實線連上你。如果那些支援需要你自己張羅，就畫虛線。想想你可能需要的支援類型，包括情感上及實際上的支援。尋找支援圖上的空白，然後採取行動去填補那些空白。

父母可能不僅在孩子出生後需要支援，在孩子需要依賴你們的任何時候，都需要支援。所以這個練習可以每隔幾年重複一次。這樣一來，你就可以確保你獲得需要的幫助，以培養最好的親子關係。

依附理論

當嬰兒是什麼感覺？

相較於孩子，你擁有一個巨大的優勢：你對於為人父母會遇到什麼，多多少少有一些概念。你可能看過父母照顧弟妹，見過其他的父母帶孩子，你可能記得小時候的感受，可能看過親子教養的部落格和書籍。最重要的是，你也曾是嬰兒，那個經驗會存在無意識的記憶裡，即使你不記得，但它仍在那裡。

相反的，嬰兒不知道為人父母是什麼感覺。他以前也沒當過嬰兒，嬰兒的任何經歷都是第一次，他幾乎不可能想像每件事情是什麼樣子，但會試著記住經驗。任何事物的最初體驗都會形成最深刻的印象。成年的我們，產生第一印象的機會愈來愈少。我們第一次見到陌生人時，會對那個人產生印象，但不會改變我們對一般人的整體觀念，因為那是很久以前就確立的。

如果你去一個新的地方度假，那裡的人碰巧都很和善，天氣也很適合你，那個地方可能會讓你產生美好的聯想，日後你每次想到那裡都很懷念。同理，如果嬰兒對世界的第一印象是一個安全合宜的地方，一個有歸屬感的地方，他的生活會比較容易。無論遇到什麼麻煩，只要他覺得自己總是受到重視，有歸屬感，又討人喜歡，他就不會輕易偏離軌道，即使稍有偏離，也會很快回歸正軌。嬰兒是從最早的照顧者（亦即你）獲得這種感覺，如果他從最早的照護者身上得不到這些訊息，就會衍生別的想法。

想像你突然發現自己身處在沙漠中，沒有食物，沒有住所，沒有飲水，更糟的是，完全孤立無援。一小時後，你會有什麼感覺？兩小時後呢？那麼，如果你在遠處看到一些人呢？為了引起他們注意，你會瘋也似地尖叫、呼喊、揮手，你會拼命求援。也許嬰兒的感覺就是如此。

嬰兒從子宮來到外在世界，子宮是一個與他的需求同步的自然環境。嬰兒出生後，必須向我們表明他的需要。我們需要自己解讀嬰兒的身體訊號以判斷他需要什麼。每次嬰兒設法溝通，我們又設法做出適當的反應時，就好像那個在沙漠裡的人，設法引起那些人注意並獲救了。

如果獨自一人在沙漠裡，是你這輩子第一個遇到的經驗，你會根據別人對你的反應來形成你的世界觀和個性。無論別人的反應是否恰當，還是會錯意；無論你是否需要大叫很久才有人注意到你；無論你的需求是否很快獲得理解與滿足；也許最重要的是，在你需要陪伴時，無論你被迫獨處多久，都會在你的內心深處留下一種感覺、一種情緒。那種感覺會成為你的預設狀態很長一段時間，直到有夠多的其他經驗改變那種狀態為止。

嬰兒來到這個世界時，先天就會與他人建立依附關係。根據依附理論，無論一個人與他人的依附關係是輕鬆的、親密的，還是充滿關愛的，或是缺乏自信、黏人的、複雜的，或者他覺得自己與他人難以親近，或甚至欺騙自己獨來獨往更好，那都是源自於嬰兒時期所受到的對待。依附關係的四種主要類型是：安全型、不安全／矛盾型、逃避型、排斥型。你想要的是在孩子身上培養「安全」的依附類型。為此，首先值得思考一下，你小時候，你與照護者之間是什麼依附類型。如果協調及同理心的反應對你來說很自然，你想培養安全型的依附關係比較容易。如果你以前沒有安全的關係，你需要更體貼關懷，更有自我意識，更深思熟慮如何與孩子相處。

安全的依附型態

如果襁褓時期你對親密關係與食物的需求通常都能獲得滿足，長大以後，你可能會覺得其他人都很好。這表示你可以信任他人，與他人相處融洽，想法樂觀，很容易培養關係，這些都有助於你過美好的生活。認為自己是個不錯的人，覺得其他人也不錯，那會讓你的生活更幸運。那就好像你突然被扔進沙漠時，總是有人援助你，你不需要拼命吸引別人的注意，就有人前來幫你。很快的，你不再落單，也不覺得孤單了。

這就是我們想鎖定的目標。有時父母會擔心，因為嬰兒幾個月大時，突然變得很黏人。他可能只想要你，而不願去找別人，那是很常見的現象。嬰兒之所以會有那種反應，是因為他有安全感（這是好事），但還沒有發展出心理治療師所謂的「物體恆存」（object permanence）概念，那是指看不見某人或某物時，依然感覺到某人或某物存在的能力。如果你經常滿足寶寶的需求，他們遲早會培養出物體恆常的概念，那個黏人的階段很快就會過去。我不喜歡針對這個情況發生的時間給一個平均年齡，因為每個人的情況各異，有些人發生得較早，有些人發生得較晚。

不安全／矛盾的依附型態

如果繈褓時期你的需求不見得獲得滿足，你常需要長時間哭喊，難以獲取關注，有時甚至哭喊很久也無人聞問，很可能你會覺得自己遭到忽略，漠視，以為你需要製造很多噪音才能獲得關注。你無法把他人的陪伴視為理所當然，你可能不覺得自己是個不錯的人，也不覺得多數人都不錯且值得信任。這就好像你必須在沙漠裡跳上跳下很多次，才能引起別人的關注。那些人通常會離你而去，不帶你一起走。雖然人生的首次經歷往往會提供你一份藍圖，但未來如果更一致的正面經驗經常發生，足以取代早期的關係模式，你就有可能發展出安全的依附型態。

逃避的依附型態

如果你常哭泣，而且大家都不理會你的哭泣，你通常會放棄。你的內在信念及反覆不斷的念頭會變成：「反正我無法獲得關注，那又何必嘗試？」你不相信自己對別人有影響力，不會期望別人理解你，你會覺得自己是獨來獨往的獨行俠。你在沙漠中看到有人經過時，你最終會停止揮手以引起他們的注意，因為你覺得揮手也沒有意義——他們可能會認為，既然你沒有揮手或哭泣，你應該不需要他們。這種依附型態的缺點是，在往後的人生，你無法讓別人接近你。不過，就像不安全的依附型態一樣，透過大量的實作與努力，你還是可以改變依附型態。

排斥的依附型態

想像一下，你在沙漠裡，別人經常不停下來。即使他們停下來，他們也不會看到你的需要，而是期待你滿足他們的需要，或者他們還虐待你，不給你食物，甚至對你的身體造成傷害。想像一下，那些事情對你的信念以及人際關係有什麼影響。你可能會把別人視為傷害的來源，你不會培養出同理心，你的道德良心也不可靠。

練習：你屬於哪種依附型態？

你能找出你與照顧者之間的關係是屬於哪種依附型態嗎？你能夠追蹤這些依附型態，是如何在家庭中代代相傳到你身上的嗎？如果你覺得你有不安全、迴避型或排斥型的依附型態，你如何改進別人對你的方式，避免你對孩子也採用同樣的作法？如果你是屬於安全的依附型態，你覺得那種安全感是來自哪裡？你如何把那種模式複製到孩子身上？

強迫性的呼喊

你可能覺得嬰兒的哭聲聽起來像一種要求，那是因為我們把嬰兒的哭聲稱為「強迫性」的呼喊。人類先天就會對強迫性的呼喊做出反應，其實所有的哺乳動物都是如此，那對物種的生存極其重要。呼喊是一種警訊，就像一群斑馬中有一隻斑馬注意到獅子，牠把訊息傳給群體後，大家都會立即做出反應，你無法置之不理。

嬰兒的情緒通常不是很微妙或難以察覺的，嬰兒感到痛苦時，聽起來很絕望，那是因為他確實那麼想。如果你知道「想要」和「需要」對嬰兒來說是同一回事，你更能夠理解嬰兒。嬰兒要是沒有你，他無法生存下去。

如果你試圖忽略強迫性的呼喊，你必須關閉自己的部分感官，做出違背本性的反應。那也有害寶寶的成長，因為親密的陪伴對寶寶及親子關係很重要。嬰兒的大腦不是自己發展的，而是與周遭環境的其他大腦互動下發展的。大腦會根據我們的人際關係，持續發展到死亡那天。但是剛出生的那天、那幾個月、那幾年，是腦內多數連結成形的時候，所以嬰兒需要我們在身邊與他保持聯繫。

如果你小時候不是自然而然地獲得回應，當你為人父母，被迫聆聽強迫性的哭喊並做出回應時，那會勾起你以前受到忽略的感覺。我經常提醒家長注意這點。如果你對於為人父母這件事真的感到不安或絕望，請尋求支援。你確實需要有人來包容你的感受，而不是自個兒承擔到覺得自己快撐不下去了。你需要獲得別人的包容，才有能力包容嬰兒的感受。

嬰兒在痛苦中感到無助及無法獲得滿足時，他們似乎會開始抽離，自絕於痛苦之外。他們可能會停止哭泣，但研究顯示，讓嬰兒學會在無人陪伴下入睡，他的皮質醇濃度和哭泣時一樣高。抽離痛苦是哺乳動物的生存機制，那是一種反射，但缺點是，人偶爾會突然想起自己主動斷絕的感覺。抽離記憶使人無法控制自己何時接觸那些記憶，那些記憶可能在意想不到的時候突然冒出來糾纏你。

身為父母，如果你有一些痛苦的感受，可能很想知道原因是什麼。那是因為你自己有小孩後，會觸發你小時候抽離的感受，那些感受可能令你感到不舒服、不安、分心或奇怪。觸發點可能很微妙，但你依然會被觸發。

如果你以不回應孩子來訓練孩子不要哭，你是在教孩子怎麼抽離感受。孩子表面上看起來可能很好，但未來他們稍大一些或成年後，這些感受可能會再度浮現。我認為這不是值得你冒的風險，尤其回應強迫性的呼喊又沒有風險。

如果孩子還小時，你認為放任孩子哭很久對他和你都比較好，你讀了上述的內容以後，可能會感到害怕或憤怒。現在為此自責或生我的氣也於事無補。現在你能做的，是開始認真看待孩子的情緒，別再覺得他的情緒不重要或是在胡鬧。當孩子想要親近你時，就讓他親近。你甚至可以告訴孩子，你之前做了什麼，為什麼你會那樣做，讓孩子知道那不是他的錯。如果孩子突然感到很難過，卻不知道是怎麼回事，你告訴他那些話可以幫他理解自己的感受。無論孩子（或成人）年紀多大，覺得自己受到認真對待都是一種很療癒的感覺。如果認真對待你的人是你的父母，他們不會抗辯及責怪你，那確實是一劑有效的強心針。

我們永遠無法與孩子完美地同步，無法像胎兒在子宮裡那樣同步運作，誤解及關係破裂在所難免。我們能做的是盡量去關心孩子，適切地回應他的要求，以促進孩子的安全感，讓他從子宮轉移到外部世界的過程盡可能順利。你聽到的哭聲是自然的強迫性呼喊。孤獨就像不舒服、口渴或饑餓的感覺一樣，需要關注才能維持個人健康。

不同的荷爾蒙，不同的你

在懷孕期間及分娩之後，你可能覺得以前的感覺都放大了十倍。維多利亞懷第二胎九個月了，她說：「我看冬季奧運的溜冰比賽，突然看到我支持的那個女性選手摔倒了，輸了比賽，我不禁哭了起來。我不是那樣的，我通常不會那麼情緒化。」

維多利亞，那可能不是以前的你，卻是現在的你。如果你對事情的感受比以前強烈，不要直接以為你不對勁。你並沒有發瘋，雖然你的感受放大了，那並不表示那些感受不重要，或你感到激動的事情對你來說不重要。例如，看到女性運動員竭盡所能參賽卻輸了，那可能象徵你的焦慮。你突然為她哭了起來，那或許可以讓你獲得迫切需要的情緒釋放。你看到她再次站起來，為下一場比賽做準備時，她就是你的好榜樣。

荷爾蒙，或導致情緒高漲的任何觸發因素，可能會讓你出現突如其來的感受，但那其實只是放大你已經存在的感受。敏銳的感受可以幫你更注意自己和寶寶的需求，並做出積極的反應。

孤獨

嬰兒不是唯一可能感到孤獨的人。雖然你有九個月的時間來適應為人父母的感覺，但晉升為父母是一夕間的轉變。在原本的生活逐漸消散、新生活尚未確立之前，感到孤獨是很可能發生的風險。除非你身處在大家庭裡，或有其他的團體在地理與情感上都與你很親近，否則新手父母通常會感到孤獨。

茱莉三十二歲，有個女兒。孩子的父親約翰在孩子兩個月大時離開了她。茱莉告訴我：「我當初沒料到我需要獨自扶養孩子，蘇菲出生不久，他就離開了。」茱莉很震驚，驚慌失措，也感到孤單。孤獨是一種折磨許多父母的感覺，即使他們沒遭到伴侶拋棄，也可能感到孤獨。更令茱莉感到孤立無援的是，她的父母似乎看不出來、也不願承認，她已經束手無策，不知該怎麼走下去了。

以前大家把孤獨感與社交能力差或有點古怪聯想在一起，所以孤獨仍有一些污名化。但我們不該如此看待孤獨，任何人都有可能陷入孤獨。那種感覺很強烈，因為它會提醒你需要做什麼——尋找同伴。人類不是孤立的動物，我們是群居動物。需要吃東西時，我們會感到饑餓；需要離開烈火灼燒時，我們會感到身體的疼痛；需要與他人在一起，並感覺到自己獲得關注及接納時，我們會感到孤獨。孤獨是一種必要的感覺，就像饑渴一樣。忽視孤獨感可能對你有害，因為那是導致身心健康惡化的主因。

我們知道孤獨的感覺有多糟，那為什麼不加入團體或結交更多的朋友呢？遺憾的是，加入團體或結交朋友往往不是那麼容易。茱莉感到疲憊，想到她必須想辦法排解孤獨的感覺，那就像兼另一份工作一樣費神，她根本沒有精力。不過，排解孤獨之所以感覺如此困難，還有另一個原因。孤獨感會引發一種對社會威脅與排擠的高度警戒狀態，使我們對於自己可能遭到排斥或冷漠對待異常地敏感。當我們預料自己遭到社會威脅時，我們的行為反而更有可能導致我們遭到拒絕。儘管我們覺得自己遭到邊緣化，但我們又不敢把自己拉回中心，以免自己再次遭拒——因此我們又進一步抽離人群。這就是預期自己遭到拒絕，可能變成自我應驗預言的原因。

伴侶離開後，茱莉的信心一落千丈，她開始覺得自己「很沒用」。一想到要加入父母互助會，或去參加當地的母嬰合唱團，她就只想蜷縮在家裡，再也不出門了。不僅人類有這種感覺而已，把任何群居生物從群體中隔離出來，他們會對重新加入群體或加入新群體猶豫再三，擔心自己遭到排擠而顯得更加孤立。研究顯示，老鼠、甚至是果蠅與群體分隔後，就不會再回歸群體中央，而是留在邊緣。相較於老鼠與果蠅，我們有一個優勢：理性可以凌駕本能，幫我們獲得需要的東西。然而，那感覺很難，我們會想出五花八門的藉口，阻止自己去做。感覺自己無法融入新團體而編出一堆理由，是很正常的。最常見的理由是覺得自己不如人（「他們都知道他們在做什麼，只有我不知道。」），或覺得自己高人一等（「我才不想加入一群只會討論斷奶及尿布的家長。」）。茱莉幾個月前還是一位稱職的人力資源部專員，現在卻無法加入一個團隊，這樣的演變似乎令人訝異，但那其實很正常。陷入孤獨的人，更有可能認為自己比其他人優異或糟糕，因此蔑視社交的概念，並以此作為不加入團體的藉口。這兩種思維模式——「我太好了，才不要加入那種團體」和「我不夠好，不適合加入那種團體」——都導致一個人日益退縮，並強化了社交孤立感。

對茱莉來說，承認自己的孤獨，並說服自己加入團體以排解孤獨，是一大進步。

我加入一個母乳哺育互助會，我是在 Facebook 上發現那個團體，結果帶給我很大的影響。每週我們都會到彼此的家中聚會幾天。讓其他的媽媽聆聽我的經驗，那感覺很好。當我可以給予她們支持時，我也覺得自己不再一無是處。那個小組也在網路上互動，三更半夜時，那種經驗特別寶貴——畢竟，那個時候我們本來就是醒著！我可以

看出我習慣告訴自己我很沒用。與其他的家長傾訴這些想法及其他的煩惱，並不會使這些念頭消失，但比較好控管。

練習排解孤獨

❶ **準備好辨識自己何時陷入孤獨**。不要否認它，也不要因為感到孤獨，而對自己妄下負面的評斷。

❷ **瞭解孤獨對你的影響**。切記，作為社群動物，感到孤獨是危險的。

❸ **學會辨識那種高度警戒狀態，以便克服它**——不要像果蠅那樣。很多情況下，新手父母不想參加團體活動，是因為他們對那種團體感到不屑或覺得自己不如人，所以你應該注意自己是否出現那種優越感或自卑感。孤獨害你產生了不信任感，那種自以為高人一等或不如人的想法，只是你緊抓著不信任感不放的藉口。

❹ **主動走出去，讓別人可以接觸你**。看看你附近有哪些親子團體，看你是否能上網認識附近的其他家長，邀請朋友來找你或去造訪友人。

產後憂鬱症

儘管生產或承擔親職後所衍生的憂鬱症有許多原因，孤獨可能是導致產婦陷入產後憂鬱症的一個因素。產後憂鬱症的症狀包括：易怒、極度悲傷與絕望、感覺自己一無是處、焦慮、失眠、感覺每件小事都需要付出很大心力、想要逃避他人、自殘的念頭。有些極端的情況，甚至會出現精神病。每年有十％到十五％的新手媽媽罹患產後憂鬱症。幾項研究顯示，多達十％的父親也罹患這種心理失調症。

以下是寶拉罹患產後憂鬱症的經驗：

我不抱瑞奇時，他就尖叫；我抱起他時，他也尖叫。我把瑞奇交給伴侶時，她似乎比我更清楚該怎麼做。我開始覺得我好像不知道自己在做什麼。幫瑞奇換尿布時，我怕我會弄傷他。我對自己的感覺感到非常羞愧，所以每次有人問我還好嗎（包括來探望我的家訪護士），我都回應「很好」。

不過，我確信瑞奇一定有什麼問題，因為他哭得很厲害。我帶他去看全科醫生，但醫生找不出任何問題。這讓我感覺更糟了，我為「帶他去看醫生」這件事感到羞愧。我開始覺得瑞奇沒有我可以過得更好。我甚至無法餵他母乳，因為乳頭痛得要命，感覺好像有針穿過似的。以奶瓶餵他讓我覺得自己更像個失敗者。

瑞奇十二週大時，危機升溫到最高點。我整個人崩潰了，我的伴侶和兄長發現我無法應付，他們再也不相信我說我「很好」。我不得不承認我很想死，或至少逃離。我不曾感覺那麼糟，那麼悽慘，那麼沮喪。那種感覺比擔任母職還令人難以招架，一團愁雲慘霧籠罩著我。

這對我的伴侶來說也很辛苦，因為她必須承擔大部分的育兒工作。她不像我一樣陷入憂鬱，但她也覺得很難應付。我覺得她也沒時間顧及我的感受及其他一切。她要求我去看心理醫生，接受治療，當下我感到很生氣，因為那感覺好像她把我推開了。我覺得她和孩子才是一對，我是遭到排擠的人。

如今回顧那段時期，感覺很不真實，因為那時我認真打算自我了斷。我覺得我死了以後，大家可以過得比較好。我是真的打算照計畫進行，但我想先嘗試一下心理治療。治療師叫我回想一下童年，但我不記得了，所以我問家人。表姊告訴我，我三個月大時，父母把我託付給阿姨及保母照顧，接著就出國一個月。我問爸媽為什麼這樣做，我爸說，當時他們有點厭倦整天和孩子膩在一起的生活，需要休息一下。我媽告訴我，他們回國後，發現我不認得她了，她很生氣。她說那些話的語氣，好像還在生我的氣似的。

我覺得很難過，因為她覺得我小時候不夠好，我也為她丟下我出國而感到生氣。我終於明白為什麼瑞奇對我來說像個陌生人——因為我自己對我的母親來說也像陌生人。我終於明白為什麼我覺得我的伴侶和瑞奇才是一對，而我遭到排擠了，因為我襁褓時期我真的遭到排擠了。我開始心想：「難怪我覺得我無法勝任母職，因為我爸媽也辦不到。」

找到這些前因後果對我有一些幫助，不知不覺中我開始慢慢地好轉。瑞奇八個月大時，我終於意識到我是他的母親，所以我必須陪在他身邊。我開始接受我是為了他而存在，他也是為了我而存在。瑞奇哭的時候，我更有共鳴，更同情他，而不是把他的哭泣視為對我的懲罰。

每週做心理治療一年後，我尚未回歸正常的自我，但我更能接受新的個人常態。我漸漸地瞭解這個全新的自己，甚至開始喜歡上這個新的自我。順道一提，我兒子現在已經二十二歲了，很善良可愛。

像寶拉那樣，以一種敘事來瞭解自己的感受也有幫助。即使你只知道有一種敘事可以幫你瞭解感受，但不知道敘事的細節，那就足夠了。

當我們有能力說出自己對孩子產生的衝動與反應，並讓那些想法獲得理解及接納時，就愈有深思熟慮的能力，可以把嬰兒當成人，而不是物件（並在不知不覺中在那個物件上投射了一隻怪物或我們過去遇到的幽魂）。我們說得愈多，就愈覺得自己不是怪物，因為那些都只是想像或幻想（我們想像自己可能傷害嬰兒，或幻想我們逃離嬰兒或自己的生活）。切記，幻想只是幻想時，是無害的。談論幻想與感受可以幫我們找出那種感受最初出現在哪裡，亦即找出那種感受在我們成長過程中的脈絡。那樣做可以幫我們盡量減少那些感受。

我認為每個人都需要一個不會妄下評斷的交談對象，一個我們可以理直氣壯在他面前充分做自己的人。因為你面對孩子的時候，你也需要成為那樣的人，讓孩子可以理直氣壯地充分做自己。那個人可以是瞭解你狀況的另一個家長，或者，你也可以找治療師或醫生談談。不要因為你覺得自己的狀況還不夠糟，不需要就醫，或覺得你的狀況太糟，怕嚇壞別人，而裹足不前。生孩子對身心來說都是一件大事，各種不同的荷爾蒙都在放大你的情緒。如果你的感受導致你不願與孩子或家人互動，尋求支援或專業協助是好主意。

以下是葛雷琴的產後憂鬱症經驗：

我是朋友圈中第一個有孩子的人。我懷念以前的生活，想念工作，想念與人接觸。在工作中，我是標準很高、表現優異的高成就者。身為母親，我總覺得自己老是做錯。我做了很多大家覺得很恰當的事，例如參加母嬰小組。但我加入那些團隊時，常拿自己和其他的媽媽比較，發現自己樣樣不如人。

孩子哭的時候，我覺得很煩，根本不想安撫他。出門的壓力太大了，我覺得我會把嬰兒遺忘在店裡，所以乾脆不出門了。我也避免去應門，有些日子甚至連換下睡衣都嫌麻煩。我睡得不多，分娩時需要用到產鉗，我覺得整個分娩過程的侵入性很高。入睡後，我會不斷醒來，一再想到生孩子的可怕體驗。

男友下班回家以前，我會連忙換下睡衣，告訴他一切都很好。我心想，要是我告訴他或任何人我覺得自己有多麼沒用，我怕他們會評判我。他確實注意到我很緊張，微微顫抖，一再問我怎麼了。我說我只是睡眠不足，我沒事，但我真的狀況很不好。

我逼自己去參加附近的一個母嬰團體，已經準備好假裝我沒事了。這樣一來，男友回家時，我就有一些事情可以跟他分享。那個母嬰團體裡有一個成員叫蘇西，她說她難以勝任母職，並描述她的感受有多糟。其他人開始給她建議，那反而使她感覺更糟。

我鼓起勇氣說：「我也有同感。」我把自己的經歷告訴她，我們成了朋友。蘇西找到一個團體，裡面的女性都罹患憂鬱症，她們自組一個日間托兒所。我們這群媽媽聚在一起時，只做手藝，像小孩一樣，把碎布黏在紙上做拼貼畫。但是，那對我們兩人來說是最棒的安排。因為我們聚在一起縫東西時，大家就只是聊天，實話實說。我想，意識到我不是怪人，其他人也有同樣的經歷，讓我的憂鬱症開始有起色。

三年後，我和兒子關係良好。我們一開始雖然關係不順，但那似乎沒造成多大的傷害。現在我有第二個孩子，女兒在一年前出生了。這次生產的差異，在於我不再孤立。我也不再相信，除非一切都很完美，否則我就是失敗者。我不覺得這是我生下兒子後陷入憂鬱的原因，我認為那是荷爾蒙分泌的問題。

切記，孩子誕生後，你的經驗和感受沒有對錯之分。無論你覺得那些想法有多怪異及不尋常，都不要把它們藏在心裡。你可以像葛雷琴那樣，找一些想法相同的人談談，果斷地尋求專業協助。別以為你的狀態還不夠糟，而不需要尋求協助；或覺得你的狀況太糟而不敢尋求協助。活在當下，覺得自己做得很正確，不僅是對自己負責，也是對孩子負責。

練習：為人父母的潛藏部分

下面的練習是所謂的意象導引（guided visualization）。它會要求你在腦海中想像一個場景，它的原理是要你真正地探索那個場景，以找出你隱藏的深處發生了什麼。

想像三個房間。第一個是接待室，接待室有兩扇門，分別通往第二個房間和第三個房間。把這個三個房間的房子想像成「你身為父母」的隱喻。在你的腦海中，你走進接待室，那是你接待訪客的地方。在這裡，你有你的公眾形象。

第二個房間是你感到最不確定的地方，可能也是你最生氣、最後悔、最羞愧、最沮喪、最傷心或最不滿意的地方。在為人父母方面，那是充滿困難與脆弱的地方。你走進那個房間，大膽地感受在那裡的感覺。環顧四週，記下你看到的一切，不要妄下評斷。花時間待在那個房間裡，感受身在裡頭的感覺，注意你的呼吸。如果你正屏住呼吸或呼吸很淺，請恢復正常的呼吸。最後一次環顧這個充滿困難的房間，然後回到接待室，回到那個公共空間。注意你關上那扇門，但你知道困難依然存在的感覺。

現在打開第三個房間的門。那是你感覺最正面的房間。在那個房間裡，一切都很順利，你以身為父母為豪，你感受到你與孩子在一起的快樂，甚至比你在接待室時還要自豪。環顧一下這個正面的房間，看裡面有什麼。繼續觀察，並注意你在這個房間裡的感受。很好。

現在回到接待室。你站在接待室時，你已經很清楚那兩扇門後面是什麼。切記，別人看到我們有小孩時，我們都有那些房間以及為人父母的公眾形象。我們對於自己身為父母都有一些感受，有我們感到自豪及難以啟齒的一些事情。重點是，不要拿我們那個充滿困難的房間去比較別人為人父母的公共形象。

切記，我們都需要一位肯包容的人，來聆聽我們講述接待室以外的那兩個房間。那個人可以在我們滿懷關愛時，聽我們分享喜悅，也可以接納我們，以及為人父母所帶來的不確定感。

Part 5

心理健康的條件

我們的社會終於開始討論兒童的心理健康以及如何改善了，真是可喜可賀。但遺憾的是，兒童心理健康正面臨危機。在這個單元中，我會經常提到孩子剛出生的那幾週、那幾個月、那幾年，因為那些時間都是灌輸孩子安全感的關鍵時刻，但我也一直強調，即使你的孩子已經長大了，現在採取行動以修復早年發生的破裂永不嫌遲。

遭到剝奪的童年不見得會導致日後的心理問題，理想的童年也不見得能保證心理健康。但是話又說回來，我們可以做一些事情，盡可能降低孩子出現心理問題的可能性。為了他們，也為了我們自己，我們應該選擇一種最有可能培養健康身心的親子教養方式。

關係

心理健康的最重要指標之一，是親子之間的緊密關係。

人類是群居動物，我們在部落裡生活了幾千年，先天就會培養人際關係，那是人類這個物種生存的方式。最主要的人際關係是親子關係，你和孩子之間會培養這種關係，孩子先天也會與你形成這種關係。但你如何打造一個讓你和孩子都覺得很滿足，而且最有可能培養出健康與幸福能力的親子關係呢？我已經談過陪伴嬰兒有多重要，我們需要在嬰兒體驗感受與情緒時，陪在他身邊，讓他不感到孤單。我也談過嬰兒的身體靠近父母有多重要。但是，除了身體貼近以外，我們在情感上是否也貼近嬰兒或幼童呢？畢竟，這時親子之間還無法用言語溝通。親子關係是靠施與受的互動培養出來的。所謂施與受，我是指父母與孩子對彼此的影響。我影響你，你影響我，我們一起形成一種獨特的關係，不同於我們與其他人的關係，這個道理看起來似乎很明顯。這種互動關係可能是不知不覺中在你和嬰兒之間發生的，或已經發生了。我從嬰兒開始談起，因為那是親子關係的起點。但是我主張的互動交流以及類似合作共舞的對話，其實適用於各種人際關係。

互動及來回交流

最初嬰兒發出聲音時，他是在和你溝通。嬰兒的聲音、手勢、強迫性的呼喊，以及啟動輪流遊戲的方式，都是他們開始對話以前的互動方式。嬰兒這樣做是希望你跟他禮尚往來。

如果你這時噓他，叫他安靜，你是在告訴他，他的交流不受歡迎。被大人噓了幾次以後，久而久之，孩子可能會覺得大人不喜歡他。我不喜歡噓小孩安靜。我覺得以關愛的方式，把奶嘴送到孩子的嘴裡安撫他，那沒什麼問題。但我不喜歡把奶嘴當成塞子，塞住來回交流的本質。

在孩子學會表達感受之前，我們是觀察他以察覺他釋放的訊號。他可能才剛出生幾分鐘或是才幾歲，但他有一套獨特的世界觀。我覺得最快樂的家長是心態開放的，他們願意從孩子身上學習，藉由接納孩子的觀點來擴充自己的觀點。孩子本人及觀點獲得尊重時，他也自然會學會尊重別人。他會覺得看待事物及體驗事物的方式不止一種是理所當然的。

如果你的孩子還是嬰兒，你只想盯著孩子看，以手勢與臉部表情跟他「交談」，這正是你需要做的。這個「遊戲」可以培養來回互動。它可以幫你強化親子的連結，因為它拓展了你們的關係。後來，隨著語言逐漸取得主導地位，我們會開始忽略親子之間的身體交流，但那種交流依然存在。觀察孩子、傾聽孩子，以瞭解他的心聲，也讓孩子對你產生影響，這依然很重要。事實上，這對成人關係也很重要。

在交流中，無論是只有外表和舉動，或是包含聲音或話語，雙方都會相互影響。我所謂的「舉動」，是指所有的身體動作，有些是刻意的，有些比較像是身體之間的交流，並從交流中洞悉彼此的情緒和意圖。在這種交流中，不是一個夥伴只負責傳授及施與，另一個夥伴只負責接收及吸收。不是只有一方影響另一方，而是雙方都會影響彼此。令人滿意的關係就是這樣發展出來的。相互影響是所有人際關係的關鍵——對親子關係來說也是如此。我們很容易陷入匆忙的狀態，於是一段人際關係不是以穩定的節奏來回交流，而是變成所謂的「一攻一受」：一方處於主導地位，另一方處於順從地位，而不是雙方做平等的交流。當我們沒有給對方留下回應的空間時，這種情況就會發生。如果這變成一種習慣，關係就會迷失方向。

你可以把它想像成一個班級的老師。解讀班上的同學並配合學生調整教學的老師，不怕向學生學習。他會找出學生已經懂什麼，並透過腦力激盪的方式維持學生的興趣。他在傳授下一批資訊以前，會先檢查學生是否瞭解他的授課，這種課程是來回交流的平和地方。如果老師只單方面灌輸學生資訊，不管學生吸收與否，學生可能感到不滿或不安，而且也學不到很多東西。

我們沒有影響力時，感覺最為失落，也對人際關係最不滿意。這個時候，無論我們說什麼或做什麼，都沒有人或組織理會我們（即使他們對我們做了一些事情），我們可能開始感到絕望、孤立或叛逆。所以允許自己受到孩子的影響很重要——讓孩子來影響你吧。你是在示範如何受到影響，這很重要，因為孩子看了你的示範以後，也會接受你對他的影響。

如何開始交流

早期交流的一個例子是一起呼吸。嬰兒的呼吸是自動的。然而，隨著時間推移，嬰兒會學到呼吸也可以自主掌控，自己調節呼吸。他可能會自動調整呼吸，以配合抱著他或躺在他身邊的大人呼吸。呼吸的同步可能是培養親子關係的一部分。我躺在寶寶的旁邊，讓我的呼吸和她的同步，當我注意到我倆呼吸同步時，感覺很滿足，也很感動。或許這是我們對孩子唱歌、也跟孩子一起唱的原因（不管是兒歌，還是流行歌曲），因為一起唱歌就是一起呼吸，一起玩樂。

呼吸練習

面對你的伴侶或朋友，輪流依循對方的呼吸模式。注意你依循對方模式時的感覺，以及你領導對方時的感覺，一直做到你放鬆為止。這樣做一段時間，或至少做到你注意到你對這個練習所產生的感覺。

輪流

另一種與小嬰兒互動的方式是一種互看遊戲：兩人先看著彼此，接著看往別處，雙方輪流啟動這個遊戲。這種遊戲之所以獨特，是因為這是你們一起發明的遊戲。在遊戲的過程中，嬰兒可能面無表情地轉過頭去，接著就一直看著別處，不再回頭了。這時家長可以休息一下，靜候寶寶做出下一個動作。等嬰兒再次帶著好奇與微笑的表情回頭看你時，家長可以用溫柔的高音說：「哦，嗨，你回來了！」接著，嬰兒可能重複這個流程很多次，直到他滿意為止。

母親和四個月大的嬰兒在施與受、觀看、傾聽、回應之間展現出輪流模式時，研究人員可以預測，嬰兒一歲時，母嬰之間會有安全的依附關係。如果我們套用沙漠那個比喻，這就好像嬰兒從沙漠中被救出來的感覺，他會覺得自己是受歡迎的。他會覺得自己的需求（包括人際關係的需求）通常會獲得滿足。

當然，就像人類的任何事情一樣，親密關係也可能出問題。身為父母，當你不觀察、不傾聽、不從孩子的角度充分看世界時，你可能打斷或干擾這個自然的流程。因此，如果父母「忽略」太多來自嬰兒的暗示，或者對嬰兒要求太高，嬰兒不太可能學會在這種主要關係中感到安全——也就是說，父母開始細心觀察及積極反應後，才有可能改變親子關係的模式。

你可能會覺得這種協調的互動關係很累人，要求很高，而不是自然又輕鬆的。這不是你的錯，那可能與你嬰兒時期獲得的反應有關，或是因為你無法或很難自然地與他人協調。

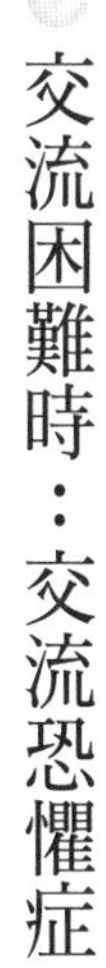

交流困難時：交流恐懼症

我自己也覺得這種互動不太容易，需要下功夫。這或許是因為我成長的過程中，獲得他人的傾聽與體貼入微並不是日常的經歷。可能你下意識認為，一方（成人）應該永遠當行動者（the doer），另一方（孩子）永遠是接受行動者（the done to）。這種情況下，互惠交流就卡住了。

你和孩子相互適應時，你會自然而然地讓孩子影響你，並覺得傾聽及回應孩子很自然、自動、容易嗎？不是每個人都有這種自然反應，有些人需要下功夫才做得到。也許你注意到，你對於讓孩子影響你（無論孩子是嬰兒、幼童或成人）有些抗拒，這是所謂的「交流恐懼症」，亦即害怕對話，害怕受到他人的影響，害怕變成「對方行動的對象」。

我們在嬰幼兒時期獲得怎樣的對待，成年以後通常也會以那種方式來對待嬰幼兒，那就好像我們天生的反應能力被抑制了。也許你襁褓時期被照顧得很好，但沒有體驗到互惠交流。如果大人沒有認真看待你的感受；大人不把你當人看，而是把你當成物件；大人只把你當成「寶寶」、「孩子」或「諸多孩子」之一，而不是一個個體；大人不讓你影響他，那你就有可能有一些交流恐懼症。

對嬰幼兒來說，獲得回應是一種需要，而不是渴望。如果我們不回應孩子的哭聲、眼神或輪流互動遊戲，如果我們不參與他提供的互動機會，他可能培養出不安全或迴避型的依附型態與性格特徵。這將使他更難培養運作正常的人際關係。

不過，如果你覺得你可能有交流恐懼症，請勿自責或感到羞愧。現在你知道你做什麼會干擾互動了，你可以做出改變，讓你和孩子相互協調。對於你能夠察覺這個問題並勇敢面對問題，你應該感到自豪。有時候，在別人身上發現交流恐懼症，比在自己身上發現還要容易。你可以試著注意，你是否會迴避你與孩子之間的互動。注意你是否常對著孩子說話，而不是一起對話。互動是一種本能，你可以學習順從那種本能，給予孩子需要的相互關注。

你讀到這裡時，可能有種悔不當初的痛苦：「太遲了，我和孩子之間已經有交流恐懼症。」千萬不要這麼想，你和孩子之間還是有親子關係，你隨時都可以改善那個關係。你可以開始傾聽，開始從孩子和你自己的角度看世界，允許孩子與你不同，讓孩子對你產生影響。即使孩子已經成年，當他發現父母能夠平等地看待他，理解他的行為與話語時，他也會覺得意義重大。當然，你可以在孩子成年之前修復親子關係的裂痕。如果你意識到你一直在逃避你與孩子的互動，你可以停止這種作法。我不是說你應該完全放棄自己的立場與所有的觀點，只聽從孩子的意見，我絕對沒有這個意思。我只是主張，孩子看待世界的方式和你的觀點一樣重要。

我們來聽聽四十二歲的約翰怎麼說。

伴侶最近問我：「為什麼別人告訴你一些事情，你就覺得受不了？」我聽了很震驚，她的話也促使我思考。我發現，我要是意識到自己不懂某些事情，會覺得很丟臉。伴侶也告訴我，我的口頭禪是「我知道」。我常動不動就這樣講，而且不管我是不是真的知道。

後來，我去探訪父親。他需要服用很多藥物，常搞不清楚，所以我幫他畫了一張圖表，以顯示他何時該吃什麼藥。他語帶諷刺地說：「你以為我活了八十六年，還不知道怎麼看藥瓶上的標籤嗎？」我發現，他也討厭別人告訴他可能不知道的事情。坦白講，我可以看出父親長期以來抱持的態度（「我不需要你告訴我任何事情」）從以前到現在一直傷害著我。對他來說，比較合宜的回答應該是：「謝謝你畫那張圖，我有點糊塗了。」但他受不了別人告訴他怎麼做，尤其是聽兒子開口。我雖然已經四十幾歲了，但是對他來說，我還是個孩子。

接著，我也意識到我從未傾聽過兒子，因為我一直覺得他想告訴我的事情，我早就知道了。我注意到他也從我身上學到說「我知道」的習慣。

我的伴侶一直在幫我變得更開放，更用心傾聽，不要為自己不知道的事情感到羞愧。現在我會讓兒子展示東西給我看，不再以一種高高在上的姿態面對他，這確實改善了我們的親子關係。我以前不懂得騰出空間，彷彿我認為溝通應該是單向的，是我對他說，是老師對學生說。但現在，我正在學習為他留點空間，讓他告訴我他是誰。我也在學習瞭解他是誰，而不是假設我知道他是誰。

我是典型的大男人，不愛問路，因為我受不了別人告訴我一些我不知道的事情。所以現在我學著隨時向任何人問路，讓自己去體驗不知道事情的感覺。我不再為了不知道事情的羞愧感而惱羞成怒，不再讓那種羞愧感壓制我的好奇心，或像以前那樣阻止我傾聽兒子的想法。這樣做並未摧毀我，結果正好相反。自從我意識到這個缺點後，在很短的時間內，我已經感覺到我和兒子變得比以前更親近了。

有時做出改變（例如決定不受交流恐懼症的影響，約翰就是如此），會擔心發生可怕的後果，但這種小小的行為改變，往往可以帶來很多的效益。

練習：注意你的行為模式

孩子想獲得關注時，如果你幾乎每次都想到你還有更緊急的事情需要處理，例如家務、工作或打電話，於是你以那些事情當藉口來推開孩子，那可能是你的交流恐懼症又犯了。注意你什麼時候有這種反應，然後停下來，克服那個想要把孩子推開的反應，讓孩子一起參與你需要完成的任務。

練習：你願意聽他人告知你一些事情嗎？

別人告訴你一些你早就知道的事情時，你有什麼感覺？如果別人告訴你的事，是你覺得你應該知道卻不知道的事，你有什麼感覺？請不要以你回應這些問題的方式回答，而是說出這種事情發生時你有什麼感受。無論這個練習讓你產生什麼感受，那些感受是否可以追溯到你的童年？

你不必時時刻刻與孩子面對面互動。但研究顯示，你和孩子在一起時，若是忽視孩子對關注的請求，孩子會很失落。在一項實驗中，研究人員要求媽媽與寶寶面對面坐著，但不對寶寶做出任何模仿或手勢——也就是說，不要展現出任何情緒反應。母親這樣做僅僅三分鐘，嬰兒就出現失落的反應，露出焦慮、尷尬、難過的表情，而且持續好幾分鐘。你可以把它想像成放任嬰兒不理。

兒童需要照顧者的互動，否則會產生無助感，以為他的行動毫無效果。如果嬰兒能用言語表達感受的話，他可能會想：「如果我無法影響你，那表示我不存在。」這是有些嬰兒看似放棄嘗試的原因。我們對嬰兒的暗示反應不足時，是在無意間教他不要嘗試。

專注觀察的重要性

很多時候，我們以為自己在傾聽，但實際上是在等待空檔以回應對方。我們利用精力去構思要如何反應或回話，而不是去理解對方想表達的意思。停止那樣做並讓對方影響你，可能會令你感到恐懼。把這種恐懼用言語表達出來，並不會讓人感到害怕。但是，我們說不出口的恐懼是，如果我們真的傾聽對方，讓自己受到影響，我們可能會消失，那種感覺確實令人害怕。不過，我們不會因此消失。事實正好相反，我們會因此成長。以下是裘蒂與小喬的故事。

小喬剛出生那幾週非常黏人，我常感到精疲力竭。我想對她敞開心扉，回應她的哭聲，但實在很掙扎。我覺得，無條件回應她的要求好像失去了自我，被她主宰了。觀察她幫我改變了想法，讓我對她變得更開放，不會想要抗拒她的要求。我和她在一起時，我關注她，她就比較少找我了。我慢慢掌握了訣竅，在她感到難過之前，先解讀她發出的訊號，提前預防哭泣。

我做家事或任務時，會不停地和小喬聊到我的感受，也會留一些空間給她，讓她跟我「聊天」。我不需要做任何事情時，我不是滑手機或看書，而是關注她。

我發現，與其一直拿東西給她看，如果我跟著注意她看的東西，讓她帶著我看她喜歡什麼，那個過程更令人滿意。她注意到某個東西時，我會把那個東西拿近一點，或是帶她走過去瞧瞧。她教我停下來觀察，因為我已經忘記那怎麼做了。觀察樹葉或瓢蟲，或是看海綿寶寶，並不會令我振奮，但是看著她專注於某件事，卻讓我充滿了感覺。或許你會說那是一種驚嘆感，甚至只是愛。

小喬年紀再大一些，開始說話時，我注意到當我傾聽的時候，我們的母女關係總是比較好。有時，我會忘了這點，對她說話或插嘴打斷她的話。之後，她會變得比較不願回應，我便意識到我又重蹈覆轍，回歸以前那種溝通方式，那種方式對我們母女倆都無效。

為小喬留點空間讓我變得更柔和，感覺更加有愛，不只是對她如此，對其他的人事物也是如此。現在小喬快長大成人了，我也覺得自己比以前更成熟了，因為觀察她、傾聽她、從她的角度看事情為我擴展了視野。現在談到她如何影響我，讓我的內心充滿了愛。那種愛也許是我為人父母之前做不到的，我覺得她把我整個人擴大了。

裘蒂分享的經驗是她的親子關係，以及她從親子關係中學會一種相處方式與應對方式。透過真正的傾聽，而不是只想著她該如何反應或想傳達什麼，她與小喬建立了深刻的

關愛與喜愛關係。每個人都可以跟孩子這樣做（無論是嬰兒、孩童或是成年的孩子），甚至對任何人都可以這樣做。

沉迷於手機會發生什麼事

如果你的身體離孩子很近，卻未察覺孩子發出的訊號，例如你可能在滑手機或用電腦，這可能為孩子帶來困擾。想想你和一個朋友一起出遊，他卻花很多時間滑手機。那感覺很討厭，對不對？由於你的個性或多或少已經成形了，別人那樣對你，並不會傷害你，儘管那對友誼毫無助益。然而，孩子的個性正在成形，他也正在培養與你相處的習慣。

我們知道酗酒者和吸毒者很難成為好的父母，因為他們的優先考量一向是讓他們上癮的酒和毒品，所以他們的孩子被剝奪了許多需要的關注。我覺得手機上癮者也差不多。我不建議你長時間在孩子面前滑手機或查看電郵。這樣做不僅剝奪了親子接觸的時間，也會讓孩子感到空虛。這不是誇飾法，那個空虛可能使人日後對某種東西上癮。他們可能試圖以成癮藥物或強迫性的活動來填補空虛，以阻止那種遭到忽略的空虛感來糾纏他們。

此外，孩子也可能因此對螢幕上癮，並以螢幕來取代接觸。你從螢幕上獲得的即時聯繫感，可能比實際接觸某個人還多，但螢幕無法取代實際的接觸。

你可能因為需要接觸他人而離不開手機。你的孩子對接觸也有同樣的需要，但他們需要更強烈的接觸方式，因為他們需要與你接觸才能促進大腦發展。人在隔離狀態下無法正常發展，人需要人際接觸。

幫你照顧孩子的人，無論是保母、朋友或親戚，也需要知道上述的螢幕問題。如果你或孩子的照顧者老是盯著螢幕，孩子也會想要盯著螢幕。如果你讀到這裡突然意識到你常忽視孩子，不要因此心想：「我已經毀了孩子的一生。」因為沒那麼嚴重。你只要停止那樣做，開始為孩子騰出空間，就能修復親子關係。

我們天生就有交流能力

「母親反應」實驗還有另一個觀察結果：許多母親很難持續面無表情地看著自己的寶寶。由此可見，嬰兒展現的訊號有多強大，我們先天就習慣因應他人的訊號，只是需要讓它展現出來。

我們生來就有交流、互動、輪替的能力。這個流程從出生就開始了，而且不會停下來。或許在出生之前就開始了，或許分娩過程也是一種輪替（宮縮之後停歇，停歇之後又開始宮縮）？

在交流中，一個人的行為會引起另一個人的接續回應。在親子輪替流程中，父母和嬰兒有各自不同的節奏，雙方都會注意對方，並互相學習。嬰兒和父母一起形成一種獨特的相處模式。嬰兒和一個家長可能發展出一種模式，同一個嬰兒和另一個家長可能發展出另一種模式，嬰兒和哥哥或姊姊也會培養出不同的模式。每種關係都有不同的模式。

這些模式不是由成人主導的，而是由嬰兒與對方共同創造的。這些模式也不會固定不變，它們的變化取決於參與者的情緒與投入。有時雙方都可以「抓住」彼此，有時雙方無法交流，那就需要做一些調整。

透過觀察、試驗，以及修復之前無法交流的狀況，就能知道孩子想要什麼。你可能學到孩子的某種眼神意味著「我準備好露出更多的微笑了」，下一次你可能學到另一個類似的眼神意味著「餵我」。無法瞭解嬰兒的哭聲或手勢意味著什麼，那很正常，也沒關係，你還是可以用自己的方式回應他。重點不是那些訊息代表什麼意思，而是輪替的模式。我還是新手媽媽時，比較有經驗的父母告訴我，過不久我就能理解嬰兒的哭聲了，一種哭聲意味著嬰兒渴了，另一種哭聲意味著嬰兒太熱了。我聽了以後，覺得自己很不稱職。對我來說，哭聲並非表達不足的語言，而是一種聲音，一種不同的交流方式，需要我的關注、觀察和投入，而不是一本不存在的嬰兒字典。一旦觀察與輪替的模式建立起來以後，感覺就容易多了。

嬰兒透過與家人在一起來學習交流及建立連結，家庭成員也是透過與嬰兒在一起來學習，每個家人都會和嬰兒培養出獨特的交流方式。那就像優秀的脫口秀演員解讀現場的所有觀眾，配合現場氣氛來表演。每個場子的觀眾都不一樣，每個嬰兒的反應也不一樣。經過幾個月的互動後，雙方都會更瞭解彼此，並學會如何以雙方都感到滿意的方式相處。觀察與輪替在這方面扮演很重要的角色，儘管那些動作大多是在不知不覺中進行的。

以下是賽門的故事：

我觀察兒子奈德時，意識到他從呱呱落地後就開始交流了。我不見得每次都能理解他想對我表達什麼，但是觀察他可以幫我瞭解。我逐漸明白哪些訊號表示我需要立即處

理，哪些訊號表示不太緊急。

奈德剛滿兩歲時，會說不少單字，還會講一些短句。但他不見得知道自己需要什麼，所以我們仍需要透過觀察來解讀他的需要。

上週末，我們和另一個家庭一起去餐廳用餐，那個家庭的孩子年紀比較大，奈德很喜歡和他們聊天和玩耍。接著，我注意到他的目光轉為呆滯，不再看他們。我們以前學到，奈德對某種東西感到厭煩、需要安靜的時候，就會變成那樣。如果我們沒注意到他目光呆滯了，接下來他會開始哭泣，甚至開始大發脾氣。

這次我注意到了，所以我站起來，問奈德要不要出去散步，他點了點頭。我把他從兒童座椅抱起來，帶他走出餐廳。我們坐在外面的草地上，他靠在我身上一兩分鐘。接著，他開始摘雛菊給我，我們開始一個熟悉的遊戲，我數著他遞給我的東西：一朵雛菊、兩朵雛菊、三朵雛菊。接著他把雛菊都拿回去，再遞給我。

我看得出來奈德恢復了平靜與專注，目光不再呆滯。玩完雛菊遊戲後，他四處尋找其他的東西來關注。我說：「我們回裡面把飯吃完好嗎？」他點了點頭，拉著我的手，牽我回到桌邊。

令我驚訝的是，離開一群朋友並不是一件痛苦的事，因為我覺得和奈德在一起很投入。他教我透過觀察他，以及瞭解他的觸發點與需求是什麼，在肢體層面上進行更多的交流。

一些育兒理念認為，嬰兒對父母的影響很小（也就是說「要求不多」、「很乖」或「很好」）是好事。但是，藉由操弄使嬰兒盡量不要對你產生影響，那是不人道的，你需要讓孩子影響你。如果你不這樣做，孩子必須過度調適才會產生歸屬感，但是那樣做也使他們失去自我意識及一些人性（就像我們襁褓時期可能也失去了一些）。嬰兒可能還無法講話，但我們可以透過觀察來學習理解他。只要練習這種觀察技巧，就能幫我們更瞭解孩子，無論孩子的年紀多大。

嬰幼兒也是人

身為成人，我們知道關注我們接觸的每個人是一種禮貌，但有些人偶爾會忘了嬰兒也是人。你可以把孩子想成「照顧活動」中的夥伴。

在事情發生之前，你應該先告訴孩子即將發生什麼事，並在事情發生之前先停頓一下。養成這個習慣很重要。例如，假設孩子坐在嬰兒車裡，你正要把他抱出來，放在汽車座椅上。你可以說：「我要把你抱到汽車座椅上。」然後稍作停頓，讓他聽進去。接著確切向孩子描述正在發生的事情：「現在我要解開你的安全帶，把你抱出來，放在汽車座位上。」你可能會覺得這樣講話很怪，畢竟孩子可能還不會講話，但人類是透過聆聽來學習語言的。比語言更重要的是你和孩子之間的來回交流。

久而久之，當這種交流融入生活，孩子習慣這種作法，你也騰出空間讓他反應後，他會舉起手臂讓你更好抱起他。你幫孩子換尿布或衣服時，也可以這樣做。盡可能讓孩子參與你的活動，尤其是那些與他有關的活動。

人在人際關係中會成長。我們對他人愈開放時，對於對方的眼神、手勢、激動或放鬆的微妙細節會愈敏感——因此更有能力避免嬰兒與自己感到不快與絕望。我們可以學會放鬆，學會觀察嬰幼兒，學會尊重孩子的個人活動與交流，從孩子身上學習。這樣做可以讓育兒過程變得沒那麼漫長無聊（你也知道最初幾個月或幾年的育兒體驗，可能給人漫長又無聊的感覺），因為它為育兒賦予了意義。

積極關注孩子絕對不會浪費心力。我們有時會誤以為，勞師動眾或大費周章才重要（例如去主題樂園旅行，送很大的聖誕禮物，開生日派對）。這些事情可能很美好，但更重要的是日常互動。透過雙方的反覆試驗，日常互動的細節會讓雙方都盡可能感到滿意，也幫孩子培養幸福快樂的能力。

練習：如何改善交流能力

為了進一步改善交流，想想你在傾聽嬰兒、孩子或成人時，你是如何傾聽與觀察的。你會發現，你是注意說話者的動作、語調、手勢和表情，你注意他說的內容，你可能也會注意到說話者讓你產生的感受。

那麼，什麼情況通常會阻礙你的傾聽與觀察？你在腦中提前準備你的反應，或你開始分心走神時，通常有礙傾聽與觀察。當然，這些事情或多或少都會發生，但你可以注意你何時停止關注說話者或嬰幼兒，並把注意力拉回他身上。多做練習，你就能成為更好的傾聽者，並在交流中成為對等的夥伴。

討厭的孩子是怎麼訓練出來的——如何打破那種迴圈

之前我製作了一個有關超現實主義的電視節目。我為該節目做研究時，得知畫家達利（Salvador Dali）以前求學時，頭撞上大理石柱，傷得很重。有人問他為什麼會撞柱子時，他說因為沒有人注意他。

嬰幼兒得不到需要的東西，感覺未獲關注，或不確定他們能否獲得回應時，可能陷入試圖引起注意的階段。這時你和其他人可能會覺得他們很煩。

我可以換一種說法：你不可能因為敏銳地回應嬰幼兒發出的訊號而「寵壞」孩子。你在他人生一開始投入的時間，會讓孩子習慣去滿足他對人際關係的需求。他會內化這點，知道他可以依賴這種關係，不必持續地尋尋覓覓。如果孩子得不到足夠的關注，以後他只有在直接影響周遭人的行為或情感時，才有真實的感覺。

獲得足夠關注的孩子會有安全感，不會為了人際關係而患得患失（他不會太在意人際關係，也不會覺得自己必須引人注目——例如跳火圈或撞石柱——才能確保人際關係）。如果你不回應孩子對關注的請求，他會提高請求的聲音，或是隨著年紀增長，變得愈來愈皮。來自父母的負面關注總是比毫無關注好，因為至少孩子知道他存在於你的腦海中。他會忍不住搞破壞，當然，那又導致他遭到進一步的排擠。

孩子變成麻煩之後，就更難相處、也更難關注了。那實在很可惜，因為這時他更需要關注，以修復早期的關係破裂。

如果你和孩子的關係讓你覺得你們好像陷入某種爭鬥，所有的關注似乎都是負面的，你覺得孩子根本是在忤逆你，那怎麼辦呢？首先，你可能需要找別的地方（離開孩子和住家），安全地釋放心中累積的怒氣。這可能是找一個不會評斷你的人聊聊，或是去一個隔音的房間，垂打墊子，好好怒吼一番。

為了扭轉親子關係以及你做的事情，你可以採用心理學家奧利弗·詹姆斯（Oliver James）所說的「溫情轟炸」（love bombing）。詹姆斯說，為了重新設置孩子的情感恒溫器（我想補充一下，可能也包括你的情感恒溫器），你需要花點時間和孩子在一起。那段時間不是親子相處的「優質時間」，而是「溫情轟炸」時間。那有明確的起始時刻與結束時刻，在那段時間裡，孩子在合理的範圍內發號施令，決定你在哪裡做什麼事情。

「溫情轟炸」是一對一的時間，所以你可以趁家人都去造訪親戚時在家裡進行；經濟許可的話，你也可以去旅館進行。在整個過程中——二十四小時或一個週末——你的孩子決定你們兩個一起做什麼及吃什麼，只要一切安全合法就好。在那段時間內，你也要經常表達你對孩子的衷心感謝與關愛。

你可能會覺得，讓孩子發號施令並對他展現大量的關愛，可能使他的不良行為變本加厲，但事實不然。有些人的關愛、稱讚、關注，是你建立人際關係及獲得重要事物的泉源。想像你覺得自己不受那些人的關注、聆聽，或遭到他們的虐待時（即使是你誤會了，也沒關係，只要你覺得自己遭到虐待，那就是你的經驗），你獲得他們關注的唯一方法是搞破壞，讓他們覺得你很討厭。要是他們給了你需要的關愛和關心，你就不必刻意搗亂以尋求關注了。「溫情轟炸」練習就是給孩子加強版的關注。那也打破了你們相互脅迫的行為模式，讓你們重新啟動一種互動的節奏與模式。

身為心理治療師，我遇過一些成人，他們老是處於想要獲得關注的階段。若是得不到關注，他們會覺得很丟臉，或覺得自己不存在。如果你對孩子展示的訊號大多毫無反應，你可能是在訓練他們變成那樣的操弄者。另一種結果是，孩子可能完全放棄人際關係，變得孤僻。給予孩子需要的關注是無可避免的，沒有捷徑。

關注孩子不是指你一直稱讚他「做得很好」或是說他「最棒了」，那樣做未必是好主意。關注孩子也不是要你評斷他。孩子需要的是一般的輪替互動，來來回回的對話或不說話的交流。你在嬰幼兒身上投入這種關注愈多，未來需要彌補的裂痕愈少。

你可以這樣想：火車上有一個家長帶著一個孩子。孩子在長途旅行中坐著不動時，很容易感到無聊。家長可以跟孩子玩，陪他畫畫，讀書給他聽，和他一起玩遊戲。或者，家長也可以選擇一再告誡孩子要保持安靜，坐著不動。相較於花時間告誡孩子，或忍受孩子的噪音，你和孩子一起玩樂或閱讀（亦即互動）愉快多了。此外，如果你在長時間（例如火車之旅）的一開始就把時間放在孩子身上，孩子可能沉浸在你們一起進行的活動中。當他不需要你時，你就可以讀你的書，或放鬆做你自己的事了。

為什麼孩子變得「黏人」

如果孩子經歷一段只想要你或只想要另一個家長的階段，不要擔心，其實這是個好跡象。這表示孩子已經和你培養穩固的關係，他已經有培養穩固關係的能力，那有助於培養幸福快樂的能力。

孩子對父母和直系親屬的喜愛，勝過其他的照顧者，那是很自然的現象。孩子覺得親子關係愈安全時，他愈容易與他人建立穩固的人際關係——但只在他準備好的時候，所以別急著看這種情況發生。孩子黏你、渴望你、愛你的強度，有時會讓你覺得太強烈，難以招架，但你應該好好享受它：那是孩子已經對你形成強烈依附的現象。他們對這種依附關係愈確定時，就愈不需要這種依附的保證。

我記得一位母親對我說：「孩子非常愛我、需要我，我從來沒遇過那麼熱情的男性！」這個孩子後來就像其他的孩子一樣，學會把母親視為理所當然的關愛者，所以他現在很熱中參加玩伴日的活動，也很喜歡去朋友家過夜。矛盾的是，幫孩子培養獨立精神的關鍵，在於讓孩子在準備好及想離開你的時候讓他離開，而不是疏遠他。

比較敏感的孩子需要黏著你並沒有什麼不對，想要獨處的孩子也沒什麼不好。每個人都不一樣，各有不同的需求。我們都會經歷不同的發展階段，但每個人是以自己的步調發展。我不會給你一份標著年齡的里程表，告訴你何時該微笑、何時該學會坐立、何時記得一首歌，因為每個人以不同的速度成長、晉升到不同的階段，沒有高低之分。幫孩子度過每個階段的方法，是滿足他在那個階段的人際關係需求。這樣一來，你和孩子就能度過那個階段，不會卡在那裡無法前進。孩子的發展是催不得的，也不能忽視它，否則孩子可能卡住。一開始你在孩子身上投入愈多的正能量，你需要進一步投入的能量愈少。

尋找育兒的意義

有些父母覺得嬰幼兒時期的親子教養很辛苦，因為他們覺得很枯燥、無趣。的確，那段期間有大量的體力活，而且你陪嬰幼兒時所獲得的智力或社交刺激，與你在職場上或有小孩前習慣的刺激不同。度過這段辛苦期的一個方式，是對寶寶產生興趣與好奇，注意他關注什麼，找出他想做什麼，而不是一直覺得跟寶寶在一起很無聊，或把寶寶想成「接受行動者」。如果你老是覺得孩子只是需要餵飽、擦拭乾淨、抱在懷裡的義務，你自己限制了養兒育女的意義。我對育兒的定義是：我的照顧、尊重與關注，是對我女兒及親子關係的一種投資。如今回顧我女兒剛出生的那幾個月和那幾年，感覺那段日子過得很快。為育兒賦予那樣的意義，比你環顧家中的一團亂，覺得你瞎忙一天卻毫無成果來得實用。育兒的成果終究會出現的，只不過不會出現在每天結束的時候，就像其他類型的工作一樣。我們養成傾聽的習慣，並讓孩子影響我們時，親子教養會變得很有意義。當你投入心力幫孩子感覺他與你相連，也與他從事的活動或你們一起從事的活動相連時，你是在投資他未來的預設情緒。

孩子的預設情緒

我們多數時間是處於正常、平靜的狀態，或是所謂的「一般」情緒。你可能會對下面的說法感到有點驚訝，但你與孩子自然互動的時間是一種投資，那有助於孩子培養一般的情緒。儘管我們可能先天就有某種性情，但我們很多習慣性的感覺是從人際關係中培養出來的，尤其是親子關係。你的孩子愈放鬆（那可能是因為他得到足夠的關注），他的預設情緒愈有可能是放鬆的，而不是焦慮或憤怒的。就像許多成人一樣，你可能不得不在以後的生活中努力學習如何放鬆，因為你襁褓時期習慣了焦慮、孤獨，或其他不平靜和不滿足的感覺，那些感覺成了你的習慣情緒。我想強調的是，你的孩子有各種情緒當然沒問題，他們一定會有的，但他們在各種情緒中（從哭泣到微笑、從恐懼到憤怒）都需要陪伴。

人們第一次接受心理治療時，常發現那是一種強大的體驗，因為獲得傾聽有撫慰的力量。也許有些人只要獲得充分的傾聽，根本不需要治療。用一種讓孩子感到安全、被愛、獲得珍惜的方式去觀察、傾聽、吸引孩子，是對其預設情緒的一種投資。

睡眠

睡眠是一件大事——我不是指對嬰幼兒來說是大事，他們該睡的時候就會睡；我是指對家長來說。這是一個很情緒性的議題。家長常為了安撫孩子入睡的策略而生氣或辯解，尤其他們要是覺得自己找到的方法很有效，卻聽我說：「放任嬰幼兒在夜裡獨自哭泣是不仁慈、不明智的，這樣是不關心孩子，是把孩子當成物件看待，而不是當人看待」，他們更生氣。我這樣說不是為了羞辱家長，但我也不希望嬰幼兒需要你時，被迫在夜裡獨處。孩子哭著入睡或感到孤獨，不會比大人哭著入睡或感到孤獨來得輕鬆。我不喜歡把「操縱」或「訓練」當成與任何人建立關係的方式，尤其是用在孩子身上，因為孩子正在培養性格以及對主要照顧者的依附型態。所謂的睡眠訓練，是讓嬰幼兒哭到睡著，或哭到一定的時間後，你等幾分鐘再去看他，但每晚你逐漸拉長那幾分鐘的時間。有研究顯示，這種制約方式可以縮短嬰兒入睡的時間。甚至有研究指出，以制約的方式讓孩子學會不要哭著召喚你，對孩子沒有害處。但後來又有研究推翻前述研究的結果，指出早期研究的缺陷，他們發現睡眠訓練會損害嬰兒的大腦發育。

我們從睡眠訓練研究中得到的主要結論是，睡眠訓練不會消除嬰幼兒對你的需要，只是幫你消除他對你的哭喊，因為那種方式制約他放棄嘗試。

家長非常關注睡眠是很容易理解的，因為睡眠一再遭到干擾時，會使人筋疲力竭。但我覺得，我們一心想讓孩子儘快、儘早獨自入睡，可能損害親子關係，因此影響到他們日後獲得幸福快樂的能力。這是因為嬰幼兒無法透過獨處來學習自我安撫及調節情緒，他們需要由照護者一再地撫慰。隨著孩子成長，他們最終會學習把這種安慰加以內化。換句話說，我們是透過別人的安慰來學會自我安慰。這種安慰打從一開始就是全天候無休的工作，新手父母可能對此感到不知所措。

如果你的孩子把睡覺和舒適、安全、陪伴聯想在一起，他會覺得睡覺是一件很好的事。當我們想讓孩子睡覺，並試圖把他推開時，才會出現睡眠問題——這時孩子會把睡覺和孤獨、拒絕聯想在一起。

西方文化似乎很愛鼓吹讓孩子晚上獨處，這可能是因為我們重視節奏明快的生活，再加上我們認為社會期望我們如此，而不是順著本能去關注強迫性的哭喊。社會對父母與嬰兒的期望，可能和我們先天的生理狀態是相互衝突的。我們需要記住一點，孩子很自然就會與父母分離。當他知道你在那裡，隨時找得到時，他會覺得可以放心分開了，因為以後想再與你相連時，你一定會在那裡。我們不該以疏遠孩子的方式來鼓勵他獨立，因為那樣做不僅干擾了分離流程，也延長了分離流程。此外，那也會干擾孩子養成安全依附型態的流程。所有的哺乳動物都與幼仔一起睡覺，多數的人類也是如此。在南歐、亞洲、非洲、中美洲和南美洲，嬰兒在完全斷奶之前，甚至斷奶之後（例如日本），與父母同睡是常態。西方社會覺得讓孩子與父母分開睡是可以接受的，那反而是人類中的少數。

夜晚佔了嬰兒生活的一半時間。如果他養成晚上覺得自己無人聆聽、無人關注、非常孤獨的習慣，這可能變成一種預設情緒。嬰兒哭泣時，若是獲得母親、父親或其他熟悉者的安慰，那是可忍受的壓力。放任嬰兒獨自哭泣，那是有害的壓力。有害的壓力會導致皮質醇的濃度太高，那對嬰兒的大腦發育有不利的影響。如果你偶爾因為太累而睡到沒聽見孩子的哭聲，那對孩子不會造成長期的負面影響。只有當你習慣性放任嬰兒在夜間獨自哭泣，才需要修復裂痕。修復的方式是：接納孩子的感受，不要試圖制約他或責罵他，而是陪伴他，跟他一起感受，讓他知道他不孤獨。無論孩子幾歲，這都是家長需要做的。

在育兒主題方面，很多領域是你早期投入的時間愈多，以後需要導正的時間愈少，睡眠就是這樣的領域。我認為最好的投入方式是帶著同理心，陪孩子躺下來，或是陪在孩子身邊，直到他入睡為止。這種方式可以讓孩子學會把睡眠與感覺受到關愛、陪伴、安全聯想在一起。

你花時間陪孩子睡覺時，可能會改變你的睡眠模式，這很正常。嬰兒醒來時，如果能聞到或摸到父母，那通常對他有幫助，所以你可以和嬰兒一起睡。這樣一來，你也不必刻意起身去安撫孩子。

沒有人是一覺睡到天亮、毫無中斷的。成人的典型睡眠週期約九十分鐘，嬰兒是一小時。我們可能以為自己一覺到天亮，但其實我們中間會醒來，或幾乎醒來，然後又馬上入睡。嬰兒感覺你就在身邊、可以摸到你時，他比較不會被完全喚醒。

如果你試過睡眠訓練，請勿自責。在你聽我說「孩子放棄哭泣後，壓力荷爾蒙的濃度依然很高」以前，你可能不知道停止哭泣的孩子依然承受著壓力。也許很多孩子都安然無恙地通過睡眠訓練——因為每個孩子都有不同的需求和不同的敏感度——但我自己絕對不會冒那種風險。請不要生氣地把這本書扔開。如果你曾經以忽視或延遲因應哭泣的方式來制約孩子入睡，我不希望你為此感到羞愧。我們的社會有很大的壓力，迫使孩子晚上安靜地獨處，這也難怪很多家長會訴諸這種方式。後面我會說明替代方案。睡眠訓練是一種制約，不是在培養關係。它是把孩子當成物件，而不是一個獨立的人。它試圖以操弄的方式，讓孩子度過安靜的夜晚，而不是讓孩子按自己的需要和步調與你分離。

多數人對於自己的襁褓期沒什麼記憶，所以我們無法回憶當時感到無助與孤獨時，獨自入睡是什麼感覺，也因此我們可能看不出延續這種作法的傷害。我認為，睡眠訓練除了讓人養成絕望的習慣以外，也會阻斷那種絕望感，使人喪失同情他人痛苦的能力。有一種可能是，睡眠訓練以及制約嬰兒晚上不要哭，也可能導致孩子覺得自己需要別人很丟臉。

起初，嬰兒天天哭泣，那感覺很像不分晝夜每小時都在哭一樣。幼兒也是每天哭泣，接著不知不覺中，他哭得愈來愈少。你安慰他時，他會學習如何因應感受。如果你忽視孩子的哭泣，他會學習不對你透露感受——那並無法幫助孩子因應感受。感受獲得接納與安撫是心理健康的基礎。

我知道，你會說這似乎很有道理。我在這裡，無情地向你拋出事實與觀點，顯然沒注意到你有多疲憊，實在很抱歉。但是相對於睡眠訓練，還有其他更好的替代方案。一種選擇是親子同寢，你們晚上不需要分開。這樣一來，寶寶就不會覺得自己被拋棄而感到孤單了。但不是每個人都能夠或願意與嬰兒同睡。另一種方法是神經學家達西亞．納維茲（Darcia Narvaez）提出的「睡眠逐步推進」（sleep nudging）。

什麼是睡眠逐步推進？

睡眠逐步推進不是以忽視孩子的方式讓他安靜下來，而是在孩子的容忍範圍內勸孩子入睡。讓孩子在整個過程中感到安全很重要。納維茲教授說，首先，孩子未滿六個月大時，不要嘗試這種方法。寶寶出生的第一年，大腦的社交與情感處理部位——換句話說，他們心理健康的基礎——正在發育，那個發育與親子間愛的互動有關。所以，在寶寶準備好之前，不要啟用睡眠逐步推進法。而且，每個嬰兒準備好的時間可能不一樣。

前面提過，嬰兒不是先天就知道他看不到一個物體時，那個物體依然存在。心理治療師稱之為「物體恆存」概念。所以嬰兒獨處時，他可能會覺得自己遭到遺棄了。我們看不見或聽不見孩子時，感覺他依然存在，這種感覺已經根深柢固了，所以我們很容易忘了這是我們後天習得的能力。

寶寶確實有「物體恆存」概念後（我依然無法告訴你確切的時間點，因為每個人的發育速度不同。寶寶可能先有恆久的概念，後來才在身體層面感覺到），比較容易逐步推進他晚上分開睡覺。

第一步是注意寶寶何時何地入睡時感到放心與安全。他可能是在哺乳時睡著，並在醒來後又在餵奶的過程中入睡。納維茲稱之為「舒適基線」，這是你開始的地方。

接下來，抽離基線的最小步驟是什麼？這可能是在他昏昏欲睡但還沒有睡著時停止餵奶，改成擁抱他，這樣他仍可感覺到你的身體和心跳。如果你的寶寶接受這個步驟，你可以重複這個作法，直到它變成新的「舒適基線」，之後才進入下一步：進一步的分離步驟，例如在他昏昏欲睡時，讓他躺下，撫摸他的額頭，或進行安撫寶寶的動作。下一步可能是把嬰兒從你的床上搬到旁邊的嬰兒床。接著，把嬰兒床移到更遠的地方，最後是移到另一個房間。在任何階段，萬一寶寶感到難過，就回歸「舒適基線」。

我的經歷：

我第一次逐步推進，是在女兒昏昏欲睡的時候，我停止哺乳，擁抱她。當那成為她的舒適基線時，下一個逐步推進是把她交給她的父親，讓他抱著她入睡。這樣的安排讓一個成人陪她睡覺，另一個成人可以在另一個房間睡覺。

女兒約兩歲時，她要求自己的房間，但是到了晚上，我們建議她一個人睡時，她吃驚地說：「哦，那裡不是用來睡覺，只是玩耍的地方。」於是，我們再次逐步推進，說我們會在那裡陪她到睡著為止。她如果醒過來，可以到我們床上，只要不叫醒我們、不說話就好。她接受了這樣的安排，有時我們醒來時發現女兒在我們床上，有時她沒出現。

她三歲時，她只在自己的房間睡覺。四歲時，她很開心，也很放心，開始自己上床睡覺，而且是主動這麼做，不需要我們推進。不過，這是按照她自己的主張：她選擇自己上床睡覺，或要求我們其中一人在她準備好時去陪她睡覺。她從未抗拒上床睡覺，因為那一直是很舒適的地方，不是孤獨的地方。

重點是，每次逐步推進都必須在孩子的舒適基線內。每個人的發展速度各不相同，對親密度與個人空間的需求也不同，所以最佳時機點因人而異。適用於第一個孩子的方式，不見得適合第二個孩子。你想做的，是讓孩子把床和消除疲勞、感到舒適、睡眠聯想在一起，而不是和分離、孤獨、絕望聯想在一起。如果床和美好的事物有關，他就不會不願去那裡了。這可以幫他在童年獲得充足的睡眠，你也知道睡眠對孩子發育很重要。

進行睡眠逐步推進（而不是睡眠訓練），使用鼓勵而不是懲罰的方式，會需要比較長的時間，但我認為是值得的。這樣做的效果更為持久，也比較容易在孩子成長的過程中要求他獨自就寢，對親子關係也有助益。一個人被鼓勵去做任何事情，那對人際關係來說都是好的；但是被欺騙、忽視或操弄去做某種行為，並無法強化終身的關係。我知道，當你筋疲力竭時，要你抱持長遠的觀點有多難，但我還是認為這是值得的。

我們期望孩子做的許多事情，他們都可以在沒什麼指導下做到，或是看我們怎麼做，跟著有樣學樣。如果孩子確實需要一些協助，把他們逐步推到安適圈的邊緣、但不要超過安適圈，通常是一種前進的方式。切記，如果我們做了他們可以自己做的事情，那反而是在剝奪他們的能力。

幫助，而不是拯救

相較於父母在孩子準備好之前就抽離他們，孩子自己決定他們要如何分開，比較不會有不安全感或黏人。這種分離適用於夜晚的獨自就寢、獨自留在托兒所、獨自去參加派對，以及任何沒有你的情況。你可以利用「逐步推進」的方式，鼓勵孩子接受這些情況——

亦即前進到「舒適基線」——但如果你太急著要求孩子獨立，那反而會產生適得其反的效果，因為那會破壞親子關係，你還需要花心力去修復關係。你可能覺得，讓孩子在沒有你的情況下運作，是在鼓勵他獨立，但孩子可能覺得自己遭到推開，把它視為某種懲罰。我想強調的重點是，讓孩子按自己的步調分開，你應該依循他的步調，而不是強迫他接受你的步調。

孩子遲早會自己睡一整晚，自己學會坐起來、爬行、走路、穿衣服、吃固態食物、自己做早餐、付房租。在孩子準備好之前就強迫他去做那些事情，是在打擊他的信心，也是在打擊我們自己。我們煞費苦心地教他或逼他做的許多事情，其實他遲早都能自己學會。揠苗助長，反而可能延遲發展。

例如，我們把嬰兒扶成坐姿，而不是讓他自己學會坐立，那剝奪了他學習自己坐起來的機會。嬰兒不需要為了坐起來而使用那些限制其行動的道具，他只需要時間和空間來發現如何移動。放任他自己摸索，他會翻身與扭動，並自己學會爬行、坐立、站立、走路。他也會學習如何學習，我們不必干預那些流程。

事實上，一個嬰兒在自然坐起來及正確的肌肉發育之前，若是經常被扶起來坐著，有時可能會學到不太正確的爬行方式。他可能從那個坐姿學到一種不平衡的移動，那會干擾日後自然的良好姿勢，我女兒恐怕就是這樣的例子。不過，沒關係，你不可能把每件事情都做對。我很清楚，我談到育兒「最佳實務」時，你可能早就過了我描述的階段，你也可能因為你做的方式與我描述的不同而感到難過。但真正重要的是親子關係，而不是你何時開始幫孩子斷奶，或你太早把孩子扶起來坐著。我女兒已經成年了，她現在去上皮拉提斯課（Pilates）以矯正姿勢。以前我需要上述資訊時，如果我能得到，那當然很棒，很可惜我沒有。所以我想一再強調：犯錯並不重要，重要的是彌補錯誤，彌補的作法可能是去上皮拉提斯課，或是在孩子大一點的時候，帶他去做其他類型的治療。孩子成年後，若因你在他年幼時所犯下的錯誤而需要任何協助，請不要感到羞愧。為自己的錯誤辯護只會導致事情變得更糟，並不會讓問題消失。

前述坐立的例子可能太狹隘了，但我舉那個例子是為了概括說明我們幫助孩子的程度：不要主動去做孩子可以自己學會的事情，那可能剝奪他的學習力。在決定提供孩子多少協助時，你可能會覺得逐步推進或鼓勵的概念很有幫助。

芙蕾雅五個月兩週又三天大，她正趴在客廳的地毯上。她的父親在旁邊的沙發上看

書。芙蕾雅發出一聲尖叫，她正試圖去抓地板上一顆乒乓球，但手搆不到。爸爸抬起頭來，看到她面臨的問題。他應該去幫她嗎？她抬頭看著爸爸，沮喪地叫了一聲。爸爸跪在她旁邊的地板上說：「妳真的很想要那顆球，對不對？你搆得到嗎？」他面帶微笑，一臉鼓舞地看著她，接著又看了看球。芙蕾雅停止喊叫，開始抬起膝蓋，用雙手托起身體，努力朝球的方向扭動。她又躺了下來，把手用力伸向那顆球。她的手指碰到球了，卻把球推得更遠。爸爸把球放回原處，芙蕾雅又試了一次，這次她抓住了，高興地尖叫起來，爸爸和她一起笑開了，對她說：「妳真的很努力，做得好！」

當然，身為家長，在那種情況下，我們很難知道究竟是要去拯救孩子、鼓勵孩子，還是只在一旁觀察。觀察寶寶以尋找線索時，你通常都會做出正確的選擇。如果孩子可以自己完成的事情，你去幫他做，那反而剝奪他的力量與能動力。但孩子感到無助時，你若是不幫他，也對他的感受不夠敏感體貼。在上例中，芙蕾雅的爸爸做了正確的選擇。他很自然地那樣做，不加思索，因為他小時候也是獲得同樣的對待。如果你幼時不是如此，刻意選擇這種方式是好主意。

練習：讓孩子主導

養成和孩子在一起的習慣，不是一起做事情，而是陪伴他，讓他主導。從旁觀察與幫助他，而不是直接救援。協助他解決問題，而不是為他做事。

玩樂

這個詞本身暗示著玩樂微不足道，但玩樂其實很重要。在玩樂的過程中，嬰兒學會集中注意力，並養成發現的習慣——其中一項發現是沉浸於當下活動的樂趣。此外，他們也會學習如何把概念聯想在一起，激發想像力。孩子也是透過玩樂來學習如何與同伴交流。玩樂是創造力及工作的基礎，也是探索及發現的基礎。所有的哺乳動物都會玩樂，因為玩樂是一種生活的實踐。玩樂就是嬰幼兒的工作，需要獲得尊重。

我第一次讀瑪麗亞．蒙特梭利（Maria Montessori）的著作時，看到她主張：孩子全神貫注於一項活動時，不該遭到打斷。看到她這麼說，我很訝異，那時我還不習慣把孩子的玩樂（例如幼童在地毯上推著一輛卡車，並發出類似引擎的噪音）視為孩子正在工作。孩子玩樂時，全神貫注，聚精會神，運用想像力，建構故事。他們的活動有一個開始，一個過程，一個結尾。這種流程重複多次以後，他們便為完成任務與集中精力奠定了堅實的基礎。

然而，孩子的工作其實比這個階段更早開始。寶寶需要一個安全的地方玩耍，才能接觸他雙手可以觸及的所有東西。如果大人一直告訴他「不可以」，他的注意力會開始渙散。不受干擾的嬰兒可以玩簡單的物品（例如一張面紙）好幾分鐘。他可以學習如何抓住它，把它弄皺、扔出去、再撿回來。反覆進行一項活動可能會令你感到厭煩，但寶寶不會感到厭煩。寶寶投入一項活動時，你的任務是在一旁觀察，跟隨他的目光，而不是指引他的目光。

孩子不需要很多玩具。大家常說，小孩喜歡裝玩具的箱子更勝於箱裡的玩具，這種老套說法往往是真的。我朋友的兩歲孩子在生日那天，溺愛她的父母、朋友、親戚送她一大堆玩具。一個阿姨順便把手邊一個狀似檸檬的空塑膠瓶送給她，結果你猜孩子最喜歡哪個玩具？當然是那個檸檬瓶！她從玩那個瓶子學到如何把水吸進去，把水推出來，以及怎樣控制水的噴射。所以，她幾乎沒碰那個漂亮的娃娃屋、迪士尼玩偶、迷你廚房，以及其他堆積如山的玩具。孩子只需要幾個簡單的玩具就夠了，例如幾輛玩具車、一個紙箱、一個方塊體、一個洋娃娃、一隻熊、幾塊積木。一些變裝打扮的衣服也可以激發想像力，但更多並不是更好。如果孩子只有幾個玩具（裝滿一抽屜或一個箱子），以及一些勞作材料（例如顏料與紙），每件東西在玩完之後都可以歸回原位。

孩子就像成人一樣，一旦選擇太多，就會不知所措，不知從何選起。我們可能以為選擇愈多愈好，但心理學家貝瑞・史瓦茲（Barry Schwartz）的實驗顯示，我們其實不喜歡選擇太多。在一項研究中，他發現參試者面對六種巧克力選擇時，比面對三十種巧克力選擇時更快樂，也更滿意自己挑選的巧克力。選擇太多時，我們會擔心選錯。西方國家的兒童平均擁有一百五十幾件玩具，而且每年還會再收到七十幾件玩具。這對孩子來說太多了。面對太多的玩具時，他們更可能在玩具之間換來換去，而不是認真玩一個玩具很久。買很多玩具往往是家長寵愛孩子的結果，因為他們希望孩子因此對玩具的渴望減少。但你猜結果如何？這招根本沒效。

孩子需要自由地玩耍，自己選擇及主導活動以培養創意。但有時孩子想跟你一起玩，他需要的是你，而不是新玩具的新鮮感。

你可能會覺得跟孩子玩很花時間，你可能也對「變裝派對」或孩子設計的遊戲不感興趣。孩子要求你一起來玩，但你有一堆事情要做時，你可能會覺得很煩。但我發現，花點時間在遊戲一開始的時候投入一些心力，效果很好。我女兒要我陪她玩時，她會要求我「跟泰迪熊說話」。接著，她自己逐漸接手，換成她自己跟泰迪熊說話。

玩樂是讓孩子主導的時間，他會決定要做什麼活動，也會指定你在該活動中扮演的角色。你先陪孩子一起啟動遊戲，之後隨著他沉浸在遊戲中，你就可以逐漸抽離了。如此一來，你更有可能去處理你那一堆待辦事物。你先陪他玩一下，對你來說比較容易，對他來說也比較好。

相反的，如果你告訴孩子，你太忙了，不能跟他玩，他可能會不斷地打斷你，導致你沒時間做你的工作。而且，那樣拒絕孩子也會讓孩子覺得，你似乎覺得他很無聊或很煩。那可能使孩子感到孤獨、憤怒或難過，甚至對親子關係沒有安全感。一旦孩子開始玩並感到滿足後，他會繼續玩下去，不會查看你是否參與，也不會一直纏著你。

無論如何，你總是要抽出時間陪伴孩子。一開始積極投入，之後你比較不需要被迫投入。親子玩樂是如此，許多其他的時間也是如此。

前幾天我在海灘上看到一對父女，女孩看起來約六歲。他們剛到海灘時，小女孩一直說：「爸爸，做這個」、「跟我來」、「來水裡」、「拿桶子」、「建這個」。她說什麼，爸爸都照做了。過了一會兒，小女孩在退潮的地方玩濕的沙子，愈來愈投入。爸爸就在旁邊，但只是觀察，沒有參與，他還可以看報。這是一個不錯的例子，小女孩逐漸找到內在的「自動導航模式」，所以爸爸也可以享有一些空閒。

過了一會兒，另一個小女孩走過來，站著看了她一會兒，她開始讓那個孩子參與她的遊戲。觀看這樣的互動真的很有趣。如果爸爸一開始沒有陪她玩，而是直接去看報，她可能會一直想著她和父親的關係，可能變得煩躁不安，不可能如此專注地投入玩樂，也不可能交到新朋友。

多數孩子也喜歡在家庭同樂的時間玩一些有組織的遊戲，例如打板球或玩牌。你可能把那些遊戲與愛聯想在一起，想把那些樂趣也傳給下一代。但如果你幼時沒人陪你玩遊戲，你可能會覺得玩那些遊戲、甚至組織那些遊戲太麻煩了。請注意玩樂是否喚起你過去一些不愉快的感受。若要克服那些感受，你可以想想那已經是過去的事了，與現在無關，或者確保其他孩子或成人在附近陪著孩子玩樂，你偶爾加入就好。

我記得有一次，在耶誕節和新年之間，我們有三個家庭聚在一起同樂。有人拿出大富翁遊戲，多數大人覺得很有趣，孩子覺得很興奮。但其中一個爸爸起身去拿外套，說他要走四英里的路回家，把車子留給妻子和兒子。我跟著他走進大廳，他說他是獨生子，每次耶誕節都是收到這種桌遊當禮物，但沒有人願意陪他玩。所以這些桌遊總是勾起他難過的回憶，他說，他要是留下來，他很怕自己壞了大家的興致。這個故事並沒有一個美好的結局，但當時我很訝異，童年的經歷竟然影響那麼深遠。

孩子有不同年齡的玩伴時，成長得更好。把兩個幼兒放在一起，他們比較可能各玩各的，而不是一起玩耍。混齡遊戲可以讓孩子學到同齡遊戲學不到的東西。相較於和同齡的朋友玩耍，年幼的孩子可以從年長的朋友身上學到更多。我們的學習大多是來自於觀察他人，年紀較大的孩子會教年幼的孩子比較複雜的行為，也是他們的榜樣。他們也可以為年幼的孩子提供更多的情感支援。年長的孩子可以學習如何教導，如何支持，如何成為領導者。

許多成人回顧童年時，覺得他們最快樂的時光，是和各年齡的孩子一起設計遊戲，一起奔跑，而且有足夠的空間可以玩遊戲。那些美好時光通常是發生在假日，與表親和朋友玩樂，或是去露營、過節、外出，或在住家附近的公園或花園裡。而且，還有他們信任的大人在一旁守護著，為他們提供食物，給予他們足夠的界限，讓他們感到安全。我擔心，現在的孩子有太多課後輔導活動，可能沒有足夠的時間參與混齡團體，以設計自己的遊戲。現在大多數的孩子可能需要更多的時間和其他的孩子在戶外玩耍，少一些時間待在室內參與有組織的活動或面對螢幕。螢幕應該謹慎使用，那可能導致孩子使用成癮，但完全不讓孩子接觸螢幕也是一種剝奪。

練習：養成良好的遊戲習慣

- 不要干擾全神貫注的孩子。
- 年幼的孩子想和你一起玩時，陪他一起啟動遊戲。等他沉浸在遊戲中、不需要你時，你就可以抽離了。
- 如果是年齡較大的孩子，你看到他不知道該做什麼時，不需要替他規劃娛樂。孩子感到無聊時，你應該展現信心，告訴他，你相信他一定可以找到有趣的活動。無聊可能是發揮創意的必要條件。
- 不過，一定要騰出一些時間跟孩子分享你喜愛的活動（例如桌遊、玩牌、運動、歌唱或任何你喜歡的活動），以便與孩子同樂。
- 與各年齡的玩伴同樂，更有助於孩子的成長。

Part

6

行為：所有的行為都是溝通

我把行為放在最後一個單元，因為我一再強調的其他事情都處理好之後，展現合宜的行為變得更加容易。對孩子來說，那包括把他的感受也納入充滿支持與關愛的關係中。當我們不迫切渴求接觸與連結，又有歸屬感的時候，行為也更加合宜。

推動搖籃的手**確實**主導著世界。我們應該多展現關愛，而非評斷；多考慮孩子的感受，而不是下意識地認為孩子是在胡鬧或是錯的。以關心與尊重的態度對待嬰幼兒，不表示你在縱容孩子，不設界限。

在這個單元中，我們將探討輸贏遊戲，培養良好行為所需要的特質，父母該多嚴格，孩子的黏人與哭鬧，何時設定界限以及如何設限。

榜樣

孩子會模仿你的行為，即使不是現在，但他們終究會有樣學樣。我以前有個客戶，他向我解釋他和父親有多麼不同。他的父親在大型營利事業裡，以獨裁的方式由上而下經營公司。我的客戶是在慈善事業工作，但他管理部門的方式——沒錯，你猜到了——也很專制。在影響孩子行為的所有要素中，家長的行為可能影響最大。我們以為自己是一個個體，但每個人都會相互影響。我們都是系統的一部分，我們為自己塑造的角色，是因應他人在我們周遭扮演的角色。所以，無論孩子表現如何或你表現如何，那都不是孤立的，而是你周圍的人與文化共同塑造出來的。

你如何描述你的行為呢？你總是很尊重別人嗎？你會考慮別人的感受嗎？你的「良好行為」是發自內心深處，還是只是表面上的禮貌？你是不是表面上很客氣，但背地裡道人長短？你是不是凡事都得勝人一籌才甘心？無論你展現什麼行為，你也是在教孩子那樣表現，包括你自己不認同、卻無意間展現的行為。

如果你始終對孩子和其他人展現出善意的關懷，孩子可能也會仿效你的作法。不過，孩子不見得總是很乖巧，因為在懂得運用言語溝通之前，行為是他們唯一的溝通方式。即使在孩子學會語言之後，這種情況仍會持續好幾年。這是因為我們需要一些實作與技巧，才知道自己的感受，並以語言表達出來，接著才根據那些語言去尋求我們需要的東西。即使是成人——不，即使是詩人——可能也會覺得這不是一件簡單的事。

我不相信有人是各方面都很良善的好人，或各方面都很惡劣的壞人。我甚至認為，區分「好」與「壞」的概念是毫無助益的。沒錯，有些人確實先天缺乏同理心（雖然很少見），但先天大腦構造不同，並不表示你就一定是「壞人」。我會放寬這種好壞善惡之分，我覺得有些人的行為不是壞，而是對別人造成麻煩或傷害。沒有人先天就是壞蛋，所以與其給行為貼上「好」或「壞」的標籤，我會以「合宜」或「麻煩」來區分。

我說過，行為純粹是一種溝通。人——尤其是孩子——之所以會以不恰當、麻煩的方式行事，是因為他們還沒找到其他更有效、更方便的方式來表達感受與需求。有些孩子的行為並非罪大惡極，他們只是給別人添了麻煩。

你的任務是解讀孩子的行為。與其把孩子分成「好的」部分與「壞的」部分，你需要問一些問題。孩子的行為試圖表達什麼？你可以幫他以更合宜的方式溝通嗎？他想用身體、聲音、言語告訴你什麼？你也應該問自己一個很棘手的問題：他的行為是如何與你的行為共同產生的？

輸贏遊戲

我女兒弗洛三歲的時候，有一次她想走路到不遠的商店，不想坐兒童推車，所以我把推車留在家裡。回家的路上，她逕自停下腳步，坐在別人家的臺階上。當下我心想：「哦，天啊！別鬧了！」因為那時我的心已經飛到未來，想著我已經把購買的東西放好，可以休息一下了。但弗洛現在就想休息。

接著我又想到，反正我們何時回家都沒關係。於是，我放下購物袋，蹲在她旁邊。弗洛正在端詳一隻螞蟻沿著人行道上的裂縫爬行。有時牠會消失在裂縫中，接著又冒出來。我就蹲著陪她看。

這時一位上了年紀的男人走過來問我：「她贏了嗎？」我馬上就聽懂他的意思了。他的意思是說，在父母與孩子的意志之爭中，她是不是贏了？我很清楚這種存在已久的親子之爭。我的父母對此深信不疑，他們認為，讓孩子予取予求對孩子有害。

但你和孩子其實是站在同一邊的：你們都希望獲得滿足，而不是感到失落；你們都想好好相處，表現良好。老人會意地對我們笑了笑，他只是想要展現友善，所以我沒有反駁。我並沒有說：「我們是親子同樂，不分輸贏。」我只回應：「我們在觀察一隻螞蟻。」並對他回以微笑。後來，他走了，螞蟻也走了。我和弗洛站了起來，我們母女倆也上路了。

前面提過，所有的行為都是溝通，所以在行為的背後，你會發現感受。一旦你找到特定行為背後的感受，並發揮同理心，就可以把那種感受用言語表達出來。你可以協助孩子用言語來表達自己，以後他就不太需要以行為來傳達感受了。

在上例中，我意識到弗洛不習慣走太久，她覺得累了，想要休息。我想到，周遭的景象和聲音對她來說可能太豐富了，她可能還沒學會如何抵擋那些與她無關的外在刺激，不像成人已經懂得如何自動阻絕刺激。那可能導致她想要只關注一件事情。從孩子的角度看事情，而不是從你自己的角度思考，更有助益。在這個例子中，我的角度可能是：我想趕快回家，她阻止了我，我們的意念正好相反。

傳統的親子教養主張，不該讓孩子「為所欲為」。我想，那個老人說「她贏了嗎？」就是這個意思，他覺得我是在「自討苦吃」。每次大家談到孩童使性子時，我常聽到這種說法。家長似乎很怕孩子使性子，他們認為，只要孩子使性子，以後他永遠是那種亂發脾氣的個性。在這種輸贏遊戲中，家長若是堅持非贏不可，最後根本沒有贏家。這種遊戲只有在操弄，毫無相互理解。這種遊戲不是真實的，是父母自己編造出來的。

那種作法只想到未來可能發生什麼，而不是當下可行的狀況。在上述例子中，當下弗洛正在休息，她休息之後，我們才會繼續行走。

輸贏遊戲可能日益根深柢固，變成一種親子動態，那有害親子關係的發展。你以專制的方式支配孩子，也是在教他以這種方式處事。萬一孩子因此以為把自己的意念強加在別人身上是正常的、可取的，那怎麼辦？他的同學會覺得這是一種討人喜歡的行為嗎？

如果你的教養方式大多是把你的意念強加在孩子身上，孩子從這種方式學到的關係模式可能是有害的。孩子只學到這種有限的角色選擇時（「行動者」與「接受行動者」，或者換句話說，「支配者」和「順從者」），那會大幅限制他身為人的潛力。比方說，如果孩子最有經驗的角色是受害者與惡霸，他可能會變成惡霸，或動不動就以受害者自居。

輸贏遊戲也會影響孩子的情緒。輸了意念之爭往往令人感到丟臉，丟臉並不會使人變得更謙卑，反而會讓人惱羞成怒。那種憤怒可能會向內轉向自我，導致憂鬱，或向外轉向外界，導致反社會行為。

所以，既然這不是爭輸贏的遊戲，我們以什麼方法幫孩子展現合宜的行為最好？一般來說，採用當下可行的方式（因為當下是基於現實），不要擔心未來可能發生什麼（未來是基於幻想），是因應孩子的實用準則。

以當下可行的狀況為重，別想未來可能發生什麼

我的客戶吉娜正在幫女兒斷奶。她讓女兒吃東西的唯一方法，是讓女兒坐在房間中央的特殊地毯上，並在女兒吃蔬菜和義大利麵時，唱歌給她聽。這樣做的時候，女兒很開心。吉娜看到女兒乖乖地吃東西時，她也很開心。

有時我們會幻想一些未來的狀況：萬一女兒只有在聽你唱歌時才吃東西，那怎麼辦？萬一孩子永遠學不會自己就寢怎麼辦？萬一他戒不了奶嘴怎麼辦？萬一他上班第一天堅持魷魚先生陪他去辦公室怎麼辦？那些都只是幻想而已。在上例中，吉娜可能想到：「萬一女兒以後都要這樣才肯吃飯怎麼辦？萬一她以後拒絕在餐桌吃飯怎麼辦？」她可能擔心很多事情，例如學校的午餐時間、上餐館，甚至女兒第一次約會。但是，請相信我，孩子的一切作為幾乎都是階段性的。所以，不管你現在的處理方式看起來有多怪，請以當下的可行作法為重。

我覺得在睡眠方面，採用當下對每個人都可行的方法特別有效。如果現在讓每個人都多睡一點的唯一方法，是把兩張雙人床併起來，讓全家人擠在一起，那你就不需要太擔心明天了：今晚先睡了再說。孩子終究會想要有自己的床，他會受夠了你的鼾聲。

如果可行的方法不再管用，那就改變方法，但盡可能追求雙贏，或至少不分輸贏的狀況。靈活應變可以讓事情變得更容易。

行為合宜所需要的特質

誠如前述，你的任務是以身作則，用一樣的同理心來對待孩子和他人，並希望孩子也能展現這樣的行為。除此之外，為了適應社會，舉止合宜，我們也需要培養四種技能：

❶忍受煩躁
❷靈活性
❸解題技巧
❹從他人的角度觀看及感受事物的能力

以前例來說，❶在購物回家的路上，我想回家，但弗洛想坐在臺階上休息，我設法忍受了煩躁的情緒。❷我靈活應變，因為我改變了對回家速度的預期。❸我解決了「弗洛需要休息」這個問題，讓她休息。❹我從弗洛的角度觀察，想要停下來休息是什麼感覺。事實上，我也設法從那個老人的角度思考了當下的狀況，所以當下我的反應，對弗洛和那個老人來說都很合宜。

有些孩子很自然就能學會這四種社交行為的技能，因為他們會自動模仿周圍的行為。但孩子在什麼年齡達到發展的里程碑（包括上述四種能力），則因人而異。有些孩子不到三歲就會讀書，我到九歲才能流利地閱讀。有些孩子一歲之前就到處活蹦亂跳，有些孩子十八個月大還喜歡爬行。這些身體技能的學習年齡，人人不同；同樣的，行為技能的學習年齡也因人而異。

我常聽父母說，孩子「快把他們逼瘋了」。換句話說，就是「我無法阻止孩子尖叫／哭泣／哭鬧／索求」或是任何讓他們抓狂的行為。我覺得，孩子的行為讓你感到麻煩時，你不能把它想成那是孩子的選擇，彷彿成人做選擇那樣。孩子希望獲得你的愛，想與你連結，想跟你當朋友。有時他迫切渴望你的關注，即使是從你那裡獲得負面的關注，總是比得不到關注更好。

在孩子的身邊管理你自己的情緒時，如果你能理解導致孩子做出那些麻煩行為的情緒與環境，那更有幫助。

有些孩子從一開始就很難理解與安撫。那可能是因為肚子痛或其他不適，例如不喜歡燈光或噪音，或尿布裡已經有一大包了，或感到害怕或疲倦，或非常敏感，或許多其他的狀況。通常我們可能不知道他痛苦的原因，但這不表示我們不該想辦法安撫他。或者，你的孩子在嬰兒時期很容易安撫，但後來年紀大一點反而比較難自控。無論孩子處於什麼階段，安撫與接納他比失去耐心更有可能把他推向下一階段。

通常，孩子面臨的挑戰太大而無法處理時，會感到沮喪。孩子在熟悉新階段或新技能之前，沮喪感最強烈。在他學會走路、說話、思考、寫作、有性行為、獨立之前，都是最脆弱的時候。你可以把孩子的情緒爆發、發脾氣或生悶氣，視為他尚未達到發展的里程碑，不是故意的。孩子發脾氣時，他並非樂在其中。有其他選擇時，沒有人會選擇訴諸那種方法。

還有一種常見的說法是，孩子之所以展現這種麻煩的行為，是因為父母管教太鬆。其實不然，許多管教不嚴的家長依然教出行為合宜的孩子。有些家長的管教很嚴，即使父母的管教方式很一致，也很公平，但孩子的行為依然造成別人的麻煩。有時孩子的行為是否麻煩，和父母管教嚴不嚴無關，而是和孩子學會這四種技能的速度有關：對煩躁的容忍、靈活性、解題技能、為他人著想的能力。

如何學會行為得體，不要製造麻煩，並不是一門精確的科學。使一個孩子行為得體的原因，不見得能為另一個孩子帶來同樣的結果。孩子是人，不是機器。我們希望孩子與人聯繫，培養關係，而不是變成機器人。我不喜歡以貼紙或賄賂的方式來教養孩子，因為那比較像在評斷行為，而不是在培養關係。孩子從那種方式中學不到忍受煩躁，學不到靈活性，學不到解題技能，也學不到如何為他人著想。以貼紙來獎勵行為是一種操弄伎倆，如果我們這樣操弄孩子，將來他學會操弄我們與其他人時，你不要抱怨孩子為什麼會這樣。家長應該學習理解孩子，而不是以制約的方式讓孩子想要收集星星貼紙。

我們展現合宜的行為，很少是因為我們想要獲得獎勵或害怕遭到懲罰，而是因為在意自己的行為對他人的影響是很自然的反應。因為我們知道，相較於對立，合作可以帶來更和諧的生活。我們之所以幫別人一個忙或是顧及他人的感受，不是因為不那樣做會遭到懲罰。我們那樣做是因為，我們想讓對方的生活更容易一些。我們希望孩子為人處事時顧慮到他人，對他人發揮同情心，而不是受到懲罰與物質獎勵這種比較狹隘的概念所激勵。不過，話又說回來，我認識的父母，包括我自己在內，沒有一個是從來沒用過賄賂的方式對待孩子的，但賄賂應該只是例外，不能當成常態。

讓孩子對家事感興趣的最好方法（例如把碗盤放進或拿出洗碗機），是讓孩子在幼童時期就玩類似的遊戲（別忘了，玩樂對小孩來說是工作）。你配合他玩耍時，他會模仿你，也會配合你。經過長時間的培養之後，你會教出一個願意處理碗盤的孩子，而且他之所以願意處理，是因為他想幫忙，不是因為你賄賂他。有些人認為花錢請孩子做家事可以培養孩子的金錢觀，但我認為培養金錢觀之前，需要先教他「人」的價值。

孩子從別人對待他的方式，學會如何待人處事。當別人對他表達感謝與尊重時，他才真正學會如何說「請」和「謝謝」，之後才會落實。如果你只是灌輸孩子講這些話語，他可能永遠無法心領神會。有人送孩子禮物，但孩子沒道謝時，我們可能會覺得很尷尬，因為我們希望別人跟我們一樣愛孩子，不希望孩子反映出我們家教不好。但這時我們應該把愛面子的心態擱在一邊，不要逼孩子說出他內心沒有的感受，使孩子當場難堪。我們可以自己向對方道謝，以免對方覺得自己的好意無人領情。孩子看到別人表達感謝時，他會學到什麼是真心的感謝。這是從他小時候跟你玩遊戲時，假裝遞給你茶杯無數次，而你每次都欣然接受開始做起。那些小動作都不是在浪費時間，而是你為教養投入的時間。

如果所有行為都是溝通，那些麻煩行為意味著什麼？

所以，你該如何看待孩子目前的麻煩行為呢？你可以先想想，你自己表現最糟的時候是什麼樣子。我知道，周圍的人不瞭解我、甚至無意瞭解我時，我的表現最糟。如果我需要獲得關注，但對方不理我，我很難表現得很好。當我的期望、希望或計畫因為我無法控制的事情而破滅時，當大家期望我達成我認為不可能的事情時，或當我處於再也無法忍受的情況時，我會覺得壓力很大。孩子因煩躁或失落而出現不當行為時，可能也是出於類似的狀況。他可能會哭泣、生悶氣、尖叫、拳打腳踢、扔東西，橫衝直撞而傷了自己。

記下孩子何時出現這種狀況，觸發點是什麼？他最難面對的失落感是什麼？你的情緒也是一個因素嗎？你需要從旁觀察，因為你若是直接問他，他可能不知道為什麼他會有那樣的反應。他可能會說「這不公平」，甚至「我不知道」。

問題在於，我們感到煩躁時，那種煩躁感往往太過強烈，難以確切地表達出來。而且孩子年紀還小，更難明確說出為什麼他會覺得有些情況難以因應或無法處理。有時，這不僅適用在孩子身上，也適用在我們身上。我們來看下面的例子，這是吉娜寄給我的郵件，她的女兒伊法剛上托兒所。

今天下午，我從倫敦搭火車去接小孩時，車子誤點了一個小時，所以我五點四十分才到托兒所接伊法，遲到了半個多小時。我抵達時，她的狀況很好，正和一個小男孩玩得很開心。但我們要離開托兒所時，她開始……（我當時是這麼想，所以我就照實敘述了）……胡鬧了。我叫她穿上外套，她開始在走廊上跑來跑去，尖叫著：「不要，不要，不要！」我感覺現場完全失控了，彷彿她在我身邊一直繞圈。我在其他家長的面前，覺得非常尷尬。為了讓我的話聽起來更有效，我告訴她，她再這樣下去，那天晚上就不能吃布丁……當然那句話一點效果也沒有。

托兒所裡其他的小孩都沒有那樣，伊法總是看起來很淘氣。到了托兒所外面，她還是一樣難搞，不肯上推車，不肯戴帽子，也不肯戴手套。我需要去藥局一趟，她不願讓我牽手，還不停地從貨架上取出東西。到了櫃檯，她開始大喊大叫。我努力把她抱進推車，她瘋狂地扭動身子，一直尖叫。我再次感到現場失控，也覺得自己很沒用，因為孩子那麼淘氣，我完全無法駕馭她。

我快到家時，才想到剛剛我花了太多時間幫伊法穿上外套，卻把裝了晚餐的購物袋遺忘在托兒所門廊了。我衝回托兒所，發現門都上鎖了，當下我失望透了。我實在很氣伊法，那是我最氣的一次，因為她讓我在托兒所看起來更愚蠢，更像個沒有用的家長。回到家後，我見到先生，不禁哭了起來，我是直接背著伊法站在那裡抽泣。那舉動也讓我覺得很糟，畢竟誰會在孩子面前哭泣呢？為什麼我是那麼糟糕的家長？

以下是我的回信：

車子誤點整整一個小時實在太慘了，要是我的話，我也會覺得壓力很大、沮喪又痛苦，並想到接小孩子遲到有多可怕。我擔心托兒所的師長可能認為，我遲到那麼久是因為我不關心孩子。我也擔心小孩可能會心慌。我知道面對這些狀況時，我會很慌張，當下我應該會變得很敏感易怒，急切希望一切能夠順利進行，重新回歸常軌。在亟欲回歸常軌之下，我可能沒有餘裕去顧及伊法的感受。我也會努力讓她守規矩一點，因為當下我已經沒有心力靜下來理解孩子的感受並想辦法安撫她。如果別人只看到孩子發脾氣、我卻無能為力，但看不到我們母女之間的愛與相互配合，我會覺得很丟臉。（如今我擺脱孩子的幼童期已經有好一段時間了，我也算是過來人）。對於自己一氣之下放話威脅孩子，我也會覺得自己很糟糕。還有，後來把購物袋遺忘在托兒所——那簡直是雪上加霜，我已經承受不住了。我投向瞭解我及愛我的人懷裡時，應該也會馬上哭起來。

接下來是我想像伊法的心理狀態：

嗨，媽媽。我還不會寫字，連説話的能力也很有限，但如果我能表達自己的感受，我會這麼説：

如果你能試著瞭解我們之間發生了什麼，而不是用「胡鬧」來評斷我，或那樣解釋我的狀況，那比較有幫助。

在托兒所，我其實感到很不安，因為你早該來接我了，卻還沒到。你來的時候，我正在玩一個複雜的遊戲。你告訴我，我們得馬上離開，還要穿外套。我説：「不要。」但你很堅持，所以我開始尖叫，你就生氣了。一開始就很不順利。

我們來看我為什麼回你「不要」。每次事情進展得太快，我希望慢下來時，我習慣說「不要」。我不是故意為難別人，那只是本能反應，因為我討厭面對出乎意料的改變。你當時心煩意亂又匆忙，根本無法理解我的想法，我覺得很害怕。我害怕的時候，也生氣了起來。你總是想著將來應該是什麼樣子，但我是活在當下，我需要你和我一起活在當下，否則我會感到孤單又沮喪。

你遲到的時候，我需要你慢下來解釋為什麼你遲到了。接著，我需要你解釋接下來會發生什麼事，讓我心裡有個底。我還沒學會靈活應變，所以在切換任務時，我需要的過渡時間比你多。要我突然停止當下的事情又要馬上穿上外套，這對我來說太難了。我相信，如果你正在做一件複雜的工作（對我來說，玩樂就是工作），突然被打斷的話，你也會很沮喪。

你想讓我停止做某件事時，不管是玩樂、還是奔跑，我需要的是提醒。每件事我都需要一個明確的提醒，例如停止玩耍，穿上外套，坐上推車。每件事情我都需要一點時間吸收，你可以告訴我，你有什麼計畫，並給我機會去吸收與瞭解。如果你要我停止玩耍，我可能需要五分鐘前先提醒一次，並告訴我，我可能會覺得停下來很難。接著，三分鐘前再提醒一次。然後，一分鐘前再提醒一次。如果我們在室內，我不想穿上外套，你可以先拿著外套，等我們走到室外再穿。我很討厭的一項任務切換是：從奔跑中突然被放上推車。當下我全身的能量無處釋放，於是就變成怨氣爆發出來了。你叫我別再喊「不要」，或別再跑來跑去或大吼大叫，並告訴我再這樣下去會有什麼後果時，那些威脅都毫無助益。那是因為我還沒學會預見自己的行為可能導致什麼後果。那些神經迴路會在適當的時機發展成熟。目前，你責備我時，我只覺得你不理解，於是我變得更害怕、更生氣，不得不一再說「不要」。我感到不知所措時，就無法安靜下來。

如果你能試著找出我面臨的挑戰，並以一種我能理解的方式告訴我，那比較有幫助。例如，「你不開心是因為你不想停止這個有趣的遊戲，對不對？」你用言語幫我把難過與恐懼表達出來時，我也會開始學習使用那些話語。這樣一來，以後我更懂得如何溝通，就比較不會失控了。

如果你生氣了，或是叫我別鬧了，我只會停止溝通或大叫。我知道，你壓力很大或很匆忙時，要你不要直接對我發號施令，而是瞭解我的想法，那確實很難。但是，當我們有互動交流，我感受到你的關注與關愛，感覺自己獲得理解時，我會感到平靜，內心的激動感受就不會噴發出來，變成麻煩的行為。

在藥局的時候，如果你可以告訴我，你在想什麼及做什麼，我其實可以幫你。但你只叫我要乖，所以我就模仿你的動作，從架上拿東西。即使你覺得你沒有時間了，請你也把我納入任務中。既然你花時間責備我，不如把時間拿來好好溝通。

即使你哭了，爸爸依然愛你，給你擁抱。他能夠理解你把東西遺忘在托兒所的感覺，他真的很棒。那也是我需要的。在托兒所時，如果我因為必須馬上停止玩樂而不高興，你可以當場給我一個擁抱，我想我們都會因此做出更好的反應。媽媽，你知道你和我會永遠在一起，表面上你更在乎別人的看法。我可以理解這點，但是你從別人的角度評斷自己並沒有幫助。

媽媽，再過不久，我就懂得學習容忍煩躁，靈活應變，也可以用言語表達感受，而不是展現出麻煩的行為。我也會學習顧及你的感受，因為我會從你顧及我的感受之中，學到該怎麼做。

不要擔心你的教養方式好或不好。你是世界上最好的媽媽，也是我唯一想要的媽媽。

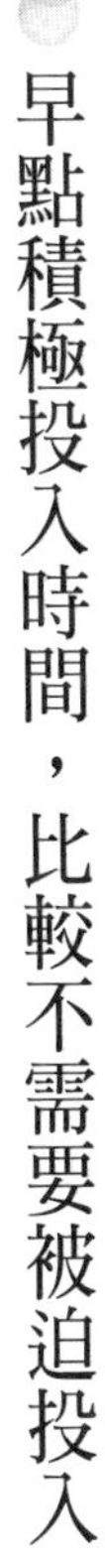

早點積極投入時間，比較不需要被迫投入

為人父母永遠是很費時的任務。在問題出現以前，趁早積極地投入時間防範未然，比事發之後被迫投入時間更好。如果你的步調對孩子來說太快了，你不以言語來幫他表達感受，不事先提醒他你的計畫，不讓他參與任何任務，你會發現你省下來的時間都用來責怪孩子了。孩子本來就需要你投入時間，那是無法逃避的，所以何不積極投入呢？我很高興告訴大家，吉娜後來學會了放慢速度，當她著眼於當下，認真去理解伊法，開始從孩子的角度看事情並以言語表達出來時，伊法的行為也變得比較合宜了。

練習：如何預測棘手的狀況

如果你想改變孩子感到棘手的狀況，或是你知道有一個棘手的新狀況可能出現，你可以停下來想像如果你是孩子，那情況是什麼樣子；你也可以想像，如果孩子知道那是什麼感受，能夠說出來，也知道怎麼做會有幫助時，他會如何表達。試著從孩子或嬰兒的角度寫一封信給你自己，就像我上面做的那樣。寫下來確實可以幫你進入孩子的思維模式，也可以幫你更清楚知道如何度過更平靜的親子時間。

以言語來表達感受，有助於改善行為

當我們想讓孩子（或任何人）停止一種行為時，可以建議另一種替代方案，以下是一例：

約翰的四歲兒子小約翰以前每天早上醒來時都會哭叫，接著他會衝去父母的臥室對他們哭叫，直到他們擁抱他為止。

某天早上，約翰建議兒子嘗試一種新的作法，走進他們的臥室時不要尖叫。他對小約翰說：「你可以說：『爸媽早安，我想要抱抱。』就好。」小約翰試著這樣做，但還是會哭。

媽媽問他：「你醒來時覺得很孤單嗎？」他點了點頭。於是，他們建議他這樣說：「爸媽早安，我很孤單，我想要抱抱。」這招終於扭轉了局面。小約翰開始每天早上蹦蹦跳跳地跑進父母的臥室，說那句新句子，獲得爸媽的擁抱。

幾天後，父母說：「你看起來並不孤單，你開心的時候也可以抱抱！」最後，小約翰的早安句變成：「我很好，我想要抱抱。」

約翰和小約翰的故事說明了，把感受訴諸於言語可以帶來徹底的改變。這也適用在成人身上。

身為父母，要確認孩子的眼淚與哭叫背後的感受很難，因為你不想證實孩子正在受苦。把痛苦講出來，似乎會讓事情變得更糟，但其實不然，那樣做通常可以讓情況好轉。用言語表達事情需要時間，孩子感到難過時，會覺得更難找到貼切的言語，所以這需要你來幫他。

弗洛兩歲時，我常帶她去附近的泳池游泳。某天我不能去，所以我先生帶她去。他們游得很順利，到了要離開時，我先生轉身去走樓梯。我帶弗洛去泳池時，我們通常是走樓梯進入泳池，但搭電梯離開泳池。當時二十二個月大的弗洛說：「不要！」接著就逕自坐在地板上。

這行為顯然很麻煩，符合一般定義的「壞」行為，但弗洛那樣做也不算壞，她只是想依循慣例罷了。她還沒學會彈性應變，也不知道如何清晰表達她想要什麼。我先生沒花時間去瞭解「不要」意味著什麼，而是匆匆把她抱起來，帶上樓。這根本不是弗洛想要的，所以她開始尖叫。等他們父女倆回到家時，兩人都在生氣。我聽完始末後，看著她那雙淚眼汪汪的藍色大眼睛說：「妳一直很期待按那個電梯按鈕，對不對？」她微微地點了點頭。「爸爸不知道那是妳想搭電梯、不想走樓梯的原因，對不對？」她也點點頭。

我們從那次經驗學到，如果你要偏離一個深受喜愛的慣例，可能需要事先提醒孩子很多次，事前做一些想像，甚至排練一下。

解釋毫無助益時

我很幸運可以猜出問題所在。一般通常是事情發生了，你怎麼猜都猜不出哪裡出問題了。例如，你帶著孩子去做你覺得很有趣的活動，比如游泳，沒想到最後孩子哭得悉哩嘩啦，你丈二金剛摸不著頭緒。

你很自然會想要知道孩子為什麼會哭，為什麼會大叫，為什麼會拒絕做某事——否則你會覺得失控——但其實不知道也沒關係，只要保持好奇心就好。父母最常歸咎的原因是：「哦，那是因為他累了。」那可能是、也可能不是一個因素。但我記得，小時候聽到這種解釋時，反而令我更加憤怒，因為那不能精確地反映我的感受，反而讓我覺得自己被誤解了。家長很喜歡用「累」來解釋一切，但我們都知道真正感到累的人是誰，當然不是孩子！

孩子的麻煩行為還有一些其他的解釋，有的解釋甚至對孩子有害。如果你已經準備好辨識這些解釋，那表示你已經開始修復破裂關係了：

「他那樣做只是想引人關注。」

無論年紀多大，每個人都需要關注。如果一個孩子本來就能獲得足夠的關注，也相信他需要關注時，那些關注一直都在，他就沒必要用誇張的方式來吸引關注。如果你的孩子確實是為了獲得關注而搗蛋，你可以請他主動要求關注。

我女兒曾經跟我討過蘋果，但她其實不想吃。她只是想看我開心的樣子，對她微笑。我注意到我給她的蘋果大多放著沒吃時，我先去瞭解她的用意，接著請她直接尋求關注。這成了我們之間的遊戲，也減少了蘋果的浪費。她也沒有因為她想要獲得每個人偶爾都想要的東西——關注——而感到羞愧。

「他是故意的」

幼兒還沒有故意搞破壞的能力，他們只是在做自己，而不是故意搗亂。嬰幼兒的行為舉止就是他們的感受，他們還沒學會觀察自己的感受，還不懂得自己想要什麼並提出要求，他們需要幫助才會知道。

孩子開始尖叫，拳打腳踢，甚至撞頭時，那不是在執行預先計畫好的策略，而是在表達感受，他們需要協助才能更清楚地表達出來。他們終究會學會那種技巧的。

如果你覺得年紀大一點的孩子是在耍你，你覺得他耍脾氣是在演戲，而不是真的使性子，你可以把你對他那些行為的感受講出來，並幫他用言語表達出他想告訴你的事情。例如：「我覺得你是希望我告訴你不必做功課。我想，獨自做功課可能很孤單吧，我會陪你一起做。」

「他知道怎麼捉弄我」

你覺得孩子的煩躁反應很討厭，並不表示他知道那樣做有何影響，或知道怎麼產生那樣的影響。女兒在回家的路上突然一屁股坐在台階上不肯走，並不是想要捉弄我，雖然我剛開始覺得很煩。女兒在游泳池的地板上賴著不走，也不是想要捉弄她的父親，她只是還不知道怎麼用言語表達她想要什麼。當你示範如何運用言語來描述感受及想要什麼時，孩子會學到那種表達技巧。而且你想想，學習這個技巧比學習討一塊餅乾複雜多了，尤其是涉及強烈情緒的時候。

「他有問題」

有些孩子學習社交技能的速度比其他的孩子慢，有些孩子比較難以因應煩躁，有些孩子需要較長的時間才能學會靈活應變及解決問題，這為孩子與你帶來了一些問題。多數人可能認為，孩子因為改爬樓梯、不搭電梯而坐在地板上發脾氣，這對兩歲幼童來說還說得過去，但是如果是六、七歲的孩子呢？一般認為，那麼大的孩子應該不會無理取鬧了吧，但有些孩子需要更多的協助才能搞清楚自己的感受，並找到合宜的方式來表達或忍住感受。如果有挺他的人（也就是你）幫他把感受精確地表達出來，那更有幫助。

你不見得每次都能洞悉究竟是怎麼回事，但是在孩子感到痛苦時，好好地對待他，而不是責罵他，有助於未來的親子合作及培養親子關係。

如果你發現孩子的某些行為似乎卡在某個階段比較久，落後同齡孩子的發展，你需要為此尋求協助或消除疑慮的話，可以請教家庭治療師或社會工作者。醫生或學校應該可以指引你獲得需要的協助，那可能會促成診斷。診斷結果或許可以讓你如釋重負，或獲得更多的幫助與支援。

診斷的缺點是那很像一種評斷，彷彿劃上了句號。那可能使人停止觀察與學習去理解行為背後的感受。診斷結果可能變成那種行為的藉口。你可能因此認為事情再也不會好轉，而不再樂觀。

或者，更糟的是，原本沒病也被當成有病來醫療。我們來看看注意力缺陷過動症（ADHD），你想一下以下的資訊：八月出生的孩子診斷出罹患ADHD的人數，比九月出生的孩子更多。我認為，這顯示有關當局認為，八月出生的人比較容易出現這種失調現象，而不是因為八月出生的孩子比班上九月出生的孩子幾乎小了一歲。我的意思不是說所有用來抑制行為的藥物都不好，我只是覺得藥物應該作為治療的最後手段。

如果你覺得你無法應付孩子的行為，請盡快尋求專業的協助，因為養成不利親子關係的習慣愈久，需要花更多的時間才能戒除那種習慣。

父母應該多嚴格？

管教孩子行為的三種主要方式通常是：❶嚴格。❷寬鬆。❸合作。

❶嚴格管教可能是最常見的管教方式，那是把成人的意念強加在孩子身上。例如，你要求孩子一定要整理房間，不整理就懲罰他。

沒有人喜歡被別人強加意念，孩子也不例外。有些孩子可能會順從，但不是每個孩子都那麼聽話。這種處事方式會導致對立、爭輸贏、羞辱與憤怒。

這樣做的危險在於，你是在示範「正確作法」、「不靈活」，以及對煩躁的低容忍度。把你的堅持強加在孩子身上，你可能在無意間教他一定要做對、應對僵化、容忍度低。

如此一來，你們可能會陷入一個僵化的迴圈，換句話說，你們可能陷入對峙與爭吵，或者孩子再也不想與你溝通。這不是與孩子培養融洽關係的長期策略。我的意思不是說，你不能偶爾說：「現在馬上把玩具收起來！」但這種要求應該是偶一為之的特例，而不是常態。

如果你習慣以專制的方式和孩子相處，那可能也對孩子未來與權威的關係有害。他可能難以和權威合作，或難以擔任領導者，或變成獨裁者。總之，不斷把你的意念強加在孩子身上，既不是培養道德或合作的最佳方法，也不是培養親子關係的良好方式。

❷ 寬鬆的管教是指，你從來不跟孩子談任何標準或期望。這種不太管教孩子的家長，通常是因為他們對親子教養感到焦慮又不敢冒險，或是因為他們以前就是在虎爸虎媽的嚴格管教下成長。有些孩子可以自己建立標準與期許，但不是每個孩子都能做到這樣。孩子不知道別人對他有何期許時，可能會感到不知所措，也沒有安全感。有時父母決定不採用上一代的威權教育模式時，可能會變得太寬鬆，而完全不給孩子設限。你仔細想想，在那種情況下，家長的作法主要是在因應上一代的教養方式，而不是在因應當下面臨的情況。

不過，寬鬆的教養方式也不全然是壞事，那有時可能是解決當前情況的最佳方案。有時候不要對孩子抱持任何期望反而比較明智，因為孩子尚未準備好。例如，你最大的孩子可能覺得清潔打掃很容易，但第二個孩子可能覺得難以應付，所以與其為此爭辯，而且這種爭辯不僅沒有輸贏之分，還會傷害關係，不如暫時先放棄期望。這表示不要堅持孩子一定要把玩具收拾乾淨，這不算是屈服，而是刻意延遲為孩子設定界限，等孩子準備好以後才設限。在孩子準備好接納合作型的管教方式以前，寬鬆的管教可以是正面的短期解決方案。

❸ 合作型管教是指你和孩子一起思考以解決問題，你比較像是輔導員，而不是獨裁者。這是我最喜歡的方法，因為它是家長和孩子一起尋找問題的解決方案。

那麼，什麼是合作型管教呢，它是怎麼運作的？

❶ **藉由定義自己來定義問題**。「我希望你的房間保持整潔，我希望你整理一下。」

❷ **找出孩子行為背後的感受**。孩子可能需要幫助。例如，「朋友把你的房間弄得一團糟，所以你覺得你必須清理房間很不公平，對不對？」、「你是不是覺得任務太難了，永遠做不完？」

❸ **確認那些感受**。「我知道那感覺很不公平」或「大型任務一開始總讓人覺得大到不知從何處著手」。

❹ **腦力激盪解決方案**。「我還是希望你把房間整理乾淨，你覺得最簡單的作法是什麼？」

❺ **堅持下去，重複必要的步驟**。

不要評斷孩子。

第二階段可能很棘手，因為要說一些你不想支持的事情可能很難，但是如果你不確認那些你覺得麻煩的感受，孩子更有可能堅持自己的立場。由於孩子可能無法清楚表達所有的感受，你可能需要以提問的方式來找出問題背後的感受，誠如上面的例子所示。

你確定孩子的感受後，就可以重新定義問題，而不是說：「你的房間很亂，你最好收拾乾淨，否則我就把你的玩具全扔了。」那只是在羞辱及威脅孩子，也會增加孩子的怨恨。這時你應該發揮同理心，這需要練習，你可能覺得這樣做有悖直覺，但孩子是看到你顧及他的感受，才因此學會顧及他人的感受。

你和孩子一起腦力激盪解決方案時，應該讓孩子主導，不要立刻否定他提出的建議。他可能提議：「我的房間可以維持原狀。」你可以回應：「那是一種選擇，你可能很喜歡那個方案，但我難以接受，因為我不只看了難過，也覺得很難打掃，而且我也不知道要把你的乾淨衣物放在哪裡。還有其他的方案嗎？」孩子說：「我不知道。」你說：「沒關係，我們不趕時間，你慢慢想吧。」你不要自作聰明想出所有的答案，因為那樣做剝奪了孩子的思考力。孩子可能說：「我可以現在收拾玩具，然後休息一下。接著，請你來幫我收衣服，因為我覺得折衣服很難。」你說：「好，聽起來不錯。開始折衣服的時候來找我，我們可以一起想辦法完成。」

如果你從小在威權下長大，可能會認為威權管教是理想的教養方式。你可能覺得合作型教養太麻煩了。不過，重點是，除了房間獲得整理以外，你和孩子都敞開心扉表達感受，因此培養了親子關係，也學會如何妥協及解決問題。為人父母的真正任務與打掃清潔無關，而是陪伴孩子，幫他成長。這種合作型管教有助於培養社會化行為的基本技能，亦即對煩躁的容忍、靈活性、解題技能、同理心。

關於發脾氣

你觀察任何一個發脾氣的孩子時，會發現他們並非樂在其中。他們發脾氣不是因為喜歡那樣做，那不太可能是他們預謀的策略，他們只是展現出感受、失落、憤怒與難過罷了。

發脾氣是如此，你不喜歡的任何行為也是如此。你可以自問，那種行為是在傳達什麼感受？那種行為的背後是什麼感受？一旦你猜到或發現了，就去確認那個感受。例如，「你很生氣，是因為我不准你在午餐前吃冰淇淋，對不對？」最後，孩子恢復平靜後，你可以跟孩子談談，幫他找出更合宜的方式來表達感受。「我不讓你得到你想要的東西時，你可以告訴我你生氣了。相較於尖叫，你直接告訴我原因，我比較容易瞭解。」

例如，幼兒發脾氣可能是因為失望，他不會選擇要不要發脾氣，而是情緒一來就直接發脾氣了。他開始發脾氣以後，甚至可能忘了剛剛是什麼事情令他失望而發脾氣。他可能忘了是你不准他吃冰淇淋，當下他只是在表達感受而已。我比較喜歡的作法是，不要放任孩子獨自尖叫，而是持續與孩子對話。即使孩子只是停下來喘口氣，你只要同情地說：「哦，親愛的，你好可憐。」孩子至少知道他並不孤單。沒有人喜歡遭到冷落，除非你是故意誤解他，他當然會生氣，或你無法控制自己的情緒。然而，讓孩子獨自經歷任何極度的痛苦，都令我相當不安。

說出發脾氣背後的感受確實有幫助：「你真的很生氣，對不對？」孩子不開心時，需要安慰：「我很抱歉你那麼難過。」安慰孩子和給予孩子他想要的東西不見得是一樣的，因為你可能無法或不想給孩子他想要的東西。他可能是因為無法飛到月球、或無法與鯊魚游泳而哭泣。

你能做的，是試著從孩子的角度看問題，安慰他，而不是懲罰他，或責備他想要你不想提供或無法提供的東西。孩子看到理解他、能夠維持平靜、不會因為他發脾氣而羞辱他、從來不覺得他的感受太誇大的人包容他的感受時，也會學習控制自己的感受。當然，那個人就是你。

我覺得有時家長太害怕孩子發脾氣了。家長之所以不設界限，就是怕孩子發脾氣。我指的家長是那種一手抱著孩子，一手拎著沉重的袋子和滑板車的人。對我來說，我寧願安慰發脾氣的孩子，也不願意整天拎著滑板車到處跑，但每個人都有不同的極限，所以也許我應該少管別人的閒事。

沒有人是因為遭到羞辱或感到愚蠢而獲得療癒的。孩子發脾氣時，你可以藉由擁抱來安撫他的情緒。有時你也可以藉由靠近他，蹲到他的高度，對他的感受表示關心來安撫他。你可以運用話語來確認他的感受，或只是展現關愛的姿勢或表情。

有時把孩子從某種情境中移開是必要的。例如，他對自己或他人構成危險，或打擾了別人。這時你可以說：「我需要抱你起來，帶你出去，因為我不能讓你傷害那隻狗（或打擾別人）。」接著就照著你的話執行。

孩子發脾氣時，如果你回嘴吼他或粗暴地對他，反而會導致情況惡化。你那樣回應，等於是在懲罰孩子展現感受。孩子發脾氣時，你視而不見，那也是一種反擊。孩子坐在推車裡哭鬧時，你可以停下推車，對著他發出同情的聲音，或把他抱起來呵護一下。

孩子發脾氣時，你不需要做他想做的事，你該做的是同情他的失落感。我以前的作法是以言語說出當下發生的狀況。「哦，你生氣是因為我不幫你拿滑板車，對不對？（或者其他類似的問題）」。孩子遲早會對失落感培養出容忍度。我還記得，有很長一段時間，每次孩子發脾氣時，我都會以言語描述孩子的感受，後來她終於開始自己用言語表達感受時，我覺得非常欣慰。她會說：「我要生氣了。」這時我不禁暗自驚歎孩子成長了。

如果你覺得孩子發脾氣把你逼到了極限，切記，這時你應該反思，而不是反應。也請記得，不要覺得孩子是衝著你發脾氣。你可以深呼吸，持續與自己的理智及孩子保持聯繫。

你持續觀察孩子，注意他的情緒，並嘗試以言語說出孩子想溝通什麼時，你會開始瞭解到導致他情緒失控及行為失控的觸發因素，以後就能預先防止這種情況發生。很多父母知道何時該讓孩子抽離群體，以便與父母獨處；何時嬰兒推車對孩子來說太拘束了，孩子需要自由奔跑；或者，何時該吃飯，不要等到孩子饑腸轆轆才吃。

如果孩子常發脾氣，但已經過了兩三歲的階段，或者你和孩子陷入爭吵、對峙或大戰，這是正好是思考哪裡可能出錯，以及該如何改進的良好時機。

孩子不會永遠處於發脾氣的狀態，所以你的第一個任務是記下你們在何處、何時、跟誰、為了什麼事情而爭吵，以發現觸發點是什麼。

如果觸發點是因為過度刺激或太多雜訊，你可以採取措施以避免或限制那些情況。觸發點可能是活動切換，例如，你要求孩子停止玩耍，來餐桌吃飯；又或者，你可能注意到問題發生在你比較不耐煩的時候。通常，問題在於我們對孩子的期望太高。我的意思不是說，我們不該對孩子抱著很高的期望，但如果我們在孩子準備好之前，就對他強加很高的期望，那只會使他和我們感到沮喪。每個人的發展速度不一樣。

你找出觸發點之後，下一個任務是觀察你在孩子發脾氣的情境中所扮演的角色，或其他成人扮演的角色（如果你不在場，例如在學校）。你是不是反應不夠靈活？孩子因為無法清楚表達感受而以行為與我們溝通時，我們往往為誤以為我們應該對他更嚴格一點，而不是思考那行為的意義。更嚴格的管教可能對一些孩子「有效」，在你達到極限之前，設下界限並合理地維持界線確實不錯，但有時你可能做得太過火，變得不夠靈活。那反而為孩子示範了頑固又僵化的榜樣，或使孩子更加沮喪，導致情勢更加惡化。例如，孩子在學校得不到大家期望的結果，老師和家長可能自然地認為，他需要花更多的時間在那項任務上，並放棄休息時間。但你仔細觀察孩子的話，可能發現他在學校坐立不安，很難坐定不動，無法集中注意力。逼他坐得更久，只會導致情況更糟，而不是更好。很少六歲小孩對自己有足夠的瞭解並告訴你：「我體力過剩，我真的需要在外面跑一跑才能安靜地坐下來。」你需要仔細觀察孩子，才能解決這個問題。

在德州沃斯堡的鷹山小學，老師做了一個實驗，把學生的下課休息時間延長到一個小時，比之前的兩倍還長。結果老師發現，孩子現在學得更多。他們注意到學生現在更容易依循指示，更懂得獨立學習，更主動地解決問題，連紀律問題都減少了。家長也說孩子在家裡變得更有創意，更樂於社交。可見箝制孩子往往不是解決問題的答案，開明地對待他們，從他們的角度看他們的需求和欲望，才是答案。

據理力爭——打「事實網球」——通常不是讓孩子跟你合作或讓他停止哭泣的方法，因為幼童還聽不懂道理。你用心去體會孩子的感受，往往能夠讓孩子配合。父母生孩子的氣時，很少自我檢討，他們只覺得孩子在找麻煩，「行為惡劣」。但你和孩子之間的任何情況，都和你們的親子關係有關，那是你們一起創造出來的。當我們這樣想時，就可以影響孩子的行為。當我們放棄自己一定是對的、放棄爭輸贏時，更容易看清自己扮演的角色，更能思考我們如何向孩子示範怎麼合作。

哭鬧

令父母特別反感的行為包括哭鬧、哀號、黏人、哭哭啼啼。這不是指孩子摔倒時的哭泣，而是指父母實在猜不透為什麼孩子會那麼傷心，或家長明明已經使出渾身解數，去分散孩子的注意力或讓孩子振作起來了，但孩子依然感到難過。

你可能只想讓孩子停止這種莫名其妙的哭鬧，可能覺得那是「惡劣」的行為。但我好奇的是，你對這種哭鬧的厭惡感，是不是跟你嬰幼兒時期，遭到隔絕而感到悲傷無助有關？你之所以對孩子感到厭煩，可能是因為你不想再次經歷以前那種脆弱的痛苦，所以你也想要讓孩子閉嘴。

或者，你也可能覺得孩子哭鬧或哭哭啼啼，是對你育兒技能的一種批評。也許你有一個心照不宣的期望，認為孩子應該永遠感到快樂。因此，孩子只不過是感到悲傷或孤獨，你卻覺得那好像在提醒你，你對孩子那一刻經歷的事情無能為力。

貝拉四十五歲，是一家大公司的資深經理，先生史蒂夫是大廚兼餐廳老闆。他們有三個兒子，一個八歲，一個十二歲，一個十四歲。他們是一個充滿活力的家庭，週末有很多活動及社交。家裡的氣氛歡樂又忙碌。貝拉和史蒂夫的工作都很吃重，所以他們請了一個保母兼管家黃妮塔，週間保母與他們同住。黃妮塔從他們的大兒子五歲起，就一直跟著這一家人了。

貝拉認為小兒子菲利克斯有問題。她告訴我：「菲力克斯真的很黏人，雖然他只有八歲，但他需要的照顧，比兩個哥哥在他那個年齡所需要的照顧加起來還多，而且不分晝夜。我一直在想，他是不是襁褓時期沒跟我培養良好的關係，但我確定那時我做得不錯，所以我真的不明白為什麼菲力克斯看起來沒有安全感。」

我很好奇為什麼貝拉難以忍受菲利克斯的黏人行為，以及他們母子關係可能存在什麼問題。我請貝拉詢問菲力克斯做了哪些夢。我並沒有期望從他的夢境中獲得任何答案，但我認為那是讓菲利克斯說話、也讓貝拉傾聽的一種方式。

貝拉告訴我：「菲力克斯說他做了一個可怕的夢，在夢裡，他獨自一人，找不到其他人。我問他，現實生活中遇過那種情況嗎？我確定他應該沒遇過。當他說他遇過時，我很驚訝。「我記得我們去威爾斯拜訪舅舅時，你把我獨自留在車上。」

「他這麼說時，我也想起來了。我哥住在一個鳥不生蛋的地方。有一次，菲力克斯快兩歲時，我們開車去我哥家。抵達的時候，菲力克斯睡著了，所以我叫他哥哥進屋裡，把車內的東西拿下車，搬進屋裡，再回車子看菲力克斯。我回車子時，他已經醒了，正在哭泣。」

「他居然還記得那件事，我很震驚。我向他道歉，也對他說：『親愛的，你獨自待在車上的時間不超過五分鐘。』接著，我們擁抱了一下。我不禁開始思考，六年前的一件小事為什麼到今天還會影響他。」

對貝拉來說，這件事可能是小事。但是對菲力克斯來說，可能不是小事。我問貝拉，那件事之前或之後，菲力克斯曾被單獨留在陌生的地方嗎？她說：「沒有，但他二十個月大時，得了嚴重的膿毒性咽喉炎，不得不住院治療。抗生素沒有效果，他昏迷了一週，靠機器幫忙呼吸。昏迷的時候，他有時是獨自一人，但脫離昏迷狀態後，史蒂夫或我總是在身邊陪他。」

我說：「貝拉，兒子病得那麼重，還陷入昏迷，實在太慘了。」她回應：「哦，還好——我的意思是，雖然那時不太好，但總之我們挺過來了。」

貝拉這樣回應時，我覺得她好像推開了我的善意問候，彷彿我的關心是多餘的。那一刻，我覺得她好像一直在逃避菲力克斯生病所帶給她的感受，從以前到現在都是這樣。我感到震驚，想像著小男孩病得那麼重是什麼狀況，也想像身為他的父母是什麼情況。貝拉說：「史蒂夫說我們可能會失去他，但我就是無法去那裡。」我再次感到悲傷，也對她那麼說了。我看著她時，注意到她眼眶噙著淚水。

我說：「這可能是菲力克斯黏人的原因，因為他必須緊抓著生命不放。他昏迷時可能意識上不知道妳不在那裡，但他可能在另一個層面上是知道的，這或許可以解釋為什麼他會夢到自己孤獨一人。」

無論這是不是真的，貝拉覺得這說法聽起來很有道理，這也幫她理解了菲利克斯的行為，讓她更容易體諒菲力克斯。

另一個可能是，貝拉終於讓自己去感受失去菲利克斯的恐懼和悲傷，多年來她一直壓抑著那些情緒。想把棘手的感受封鎖起來是完全正常的，但這樣做時，我們可能對他人的棘手感受也變得麻木，包括孩子的感受。長久以來，貝拉一直壓抑著她對菲力克斯病情的感受，覺得菲力克斯的感受令她心煩。

貝拉終於讓自己去體會差點失去兒子的感受時，她並沒有像之前擔心的那樣完全崩潰。「以前，我一直認為菲力克斯那麼黏人是他的錯。我心想，你的哥哥都很正常啊，為什麼就只有你有問題呢？現在我意識到，你不能因為一個人有某種感受而責怪他。」我們談過之後，貝拉做了一個夢——那其實是一場噩夢。她夢見兩個姪女和菲力克斯在海裡游泳，陷入困境。姪女獲救了，但菲力克斯溺斃了。貝拉突然驚醒，淚流滿面，心煩意亂。接著，她去查看菲利克斯，看到他安然無恙地熟睡著。她驚覺到這件事的諷刺之處：以前通常是菲力克斯來父母臥室。

如今菲利克斯令貝拉心煩時，她會為此承擔責任。她不確定這是因為菲利克斯不再那麼黏人，或是因為她對他的黏人態度軟化了，又或者是因為她會更主動關心他，還是三者皆是。

孩子之所以黏人或哭鬧，原因不勝枚舉，就像孩子與每個照顧者之間的關係一樣多元。我之所以在這裡提到這個案例，不是因為孩子差點失去生命是孩子黏人的常見原因，而是因為我們不想關注孩子在我們身上觸發的感受，導致我們在親子關係中陷入僵局，阻礙我們盡可能地接近孩子，因此降低了孩子獲得幸福的能力。

承認及確認我們自己及孩子的感受很重要——那不僅攸關我們和孩子的心理健康，也是一種理解我們的觸發點及孩子的觸發點的方式。此外，那也可以讓我們更深入地理解，為什麼我們和孩子會有那樣的行為。

一旦找到感受的脈絡了，所有的感受都會變得很有道理，包括黏人、覺得衣櫃裡有幽魂、床底下有怪物、純粹感到悲傷，或難以承受的失落等等。如果脈絡不明顯，那不表示沒有脈絡。你的第一步是接受孩子的感受，那可以幫你理解他的行為。如此一來，你就能包容它，也更能夠與孩子合作以想出解決辦法，做出有益的改變。

父母的謊言

有時，家庭的秘密其實是謊言。你可能不會那樣想，覺得你只是在隱瞞孩子不需要知道、或可能傷害他的資訊。

但一個家庭隱瞞資訊，或家庭內部有謊言時，即使家庭成員沒意識到真相，他們還是會受到影響。那是因為我們的身體會察覺到，某些事情不是那麼單純與公開。

如果你撒謊或隱匿資訊以防孩子受到真相的影響，那樣做是在削弱孩子的直覺。你告訴孩子的內容，與他感受與察覺的狀態不同。他會覺得不舒服，如果他無法表達出那種不舒服的感覺，可能會以麻煩的行為展現出來。

底下案例是我接受心理治療師的訓練時所看到的個案，它是用來教我們這個現象。

X先生和X太太為了十幾歲的兒子A去看心理治療師F博士。X夫婦說，A的行為失控了。他翹課，吸毒，酗酒，鬱鬱寡歡，沉默寡言，一直從母親的手提包裡偷錢。他們希望治療師可以給他們一些建議，告訴他們如何把孩子教好。

F博士向他們解釋，孩子進入青春期時，覺得有必要與父母分離，自己會建立一個圈子或加入新的社交圈。等孩子覺得他已經建立一個有別於父母的獨立身份時，他就不會那麼叛逆了，一切都會緩和下來。但X夫婦堅稱，兒子的行為已經超出那種常態。

F博士因此詢問A的童年生活是什麼情況。X夫婦描述一個快樂、正常的小男孩，但他們的描述聽起來很生硬乏味，缺乏細節。X夫婦對看了一眼，彷彿在交流什麼秘密似的，F博士注意到了。他說：「你們是不是還隱瞞了什麼沒講？」X夫婦陷入沉默，再次互看了一眼。

F博士追問：「你們夫妻倆的相處一直很好嗎？」最後X先生終於說：「那時我們不在一起。」妻子瞪了他一眼，「他小時候，你們離異嗎？」真相終於揭曉了，X先生不是A的父親，但A一直以為他是父親。X太太說，A的生父「不好」，喜歡花天酒地。

A十八個月大時，他就因酒駕造成的車禍過世了。

「A不會記得他，他幾乎都沒在孩子身邊。」X太太說。

「他可能不記得有這個人，但身體層面上，他以前可能感覺到他的存在，後來又感覺不到他的存在。」F博士說。

「我們擔心，A的行為是遺傳了他的父親。」X先生說。F博士告訴他們，行為是一種溝通，是有意義的，「那麼，A的行為告訴你們什麼？」

「感覺他好像在叫我們滾遠一點。」X先生說。

「你們對A撒了一個謊，而且是彌天大謊。他不知道那是什麼，但他可能覺得有些事情不太對勁，因此心煩意亂。」F博士說。

「我們沒有撒謊，只是沒告訴他真相而已。」X夫婦說。

「你們撒謊的方式是故意不講。」F博士說

「那我們該怎麼辦？」A夫婦問道。

「我不會告訴你們該怎麼做。不過，我在想，這可能是問題的一部分。」

X夫婦決定告訴兒子真相，他聽了非常憤怒。他發現生父有個哥哥，跑去跟伯伯住在一起，開始努力用功，在學校表現得很好，上了大學。

X夫婦希望兒子循規蹈矩的願望實現了，他們現在唯一需要做的是修復破裂的關係。這表示他們需要理解兒子的憤怒，承認他們以前比較想維持完美家庭的形象，而不是說實話。他們需要承認這樣做對兒子的影響，並為此道歉，接受兒子對這件事情的任何感受。我不知道後來他們有沒有這樣做，因為故事只寫到這裡。

很多時候，我們寧願某事沒發生時，會對孩子撒謊，故意不讓孩子知道。想避免孩子感到難過是人之常情，但問題不是出在孩子有那些難過的感受，而是在於我們害怕他有那些感受。所以，我認為，如果家長可以告訴孩子，你或伴侶有困難，正在努力解決，也希望能夠解決那些困難，這樣做會比隱瞞孩子更好。如果孩子感到擔心，你可以安撫他。如果我們不把那些壞消息以孩子能接受的方式說出來，無論如何孩子都會察覺到氣氛不太對

勁，他可能會胡思亂想出更糟的解釋。

我認為對孩子撒謊或故意隱瞞事實並非好事，所以我不主張隱瞞壞消息，比如某個對家庭很重要的人過世了。但是在告知孩子這些事情時，需要讓孩子知道：儘管我們現在極度悲傷，永遠忘不了那個人，但我們會習慣他的消失，日子會繼續過下去，並恢復往日的歡樂。同樣的，如果父母之中有一人要搬出去住，這需要在事情發生之前先討論，孩子需要知道父母的計畫，也需要知道以後他們如何繼續過日子——換句話說，孩子依然可以經常見到父母雙方。

親子溝通可能有多種適合不同年齡的方式。例如，你可以告訴幼童：「我不舒服，我要去看醫生，運氣好的話，我會好起來。如果我看起來心不在焉，我很抱歉，因為我在擔心病情。」這樣講比隱瞞癌症更好。如果孩子是領養的，最好從一開始就以適合其年齡的方式告訴他，讓他從小就知道這件事，不要等後來才讓他震驚地發現真相。

我們無法保護孩子免受無可避免的喪親之痛以及生活帶來的災難，但是災難發生時，我們可以陪在他身邊，與他一起感受，幫他控制情緒。

每個孩子都需要有人肯定他的重要性，肯定他是有人關愛及渴望的。而且，那不能以隨性的話語表達，你需要用愛表達，讓他看到你的臉龐在見到他時整個亮了起來，讓他從你們的親子互動中感受到，讓他覺得你把他納入生活中，讓他看到你很享受親子樂趣及陪伴他的感覺。如果你隱瞞一些影響孩子的資訊，你就很難做到那樣。孩子有權知道真相。

孩子的謊言

女兒剛上中學時，我去參加學校為新生家長舉辦的迎新演講，校長瑪格麗特．康奈爾（Margaret Connell）看著現場的所有家長，坦率地說：「孩子會對你撒謊。」我心想：「哦，我女兒不會，我們關係很好。」她接著說：「即使你覺得女兒對你說了一切，她進入青春期時，還是對你撒謊。身為家長，你的任務是不要為此小題大做。」

幾年後，我請教康奈爾女士這件事，她告訴我：「每個人都在撒謊。在我們做的所有壞事中，撒謊是最常見的，也是我們最不會去多想的。但不知怎的，父母似乎覺得這種罪過比其他的罪過更嚴重。孩子做了某件不該做的事情，也許是比較瑣碎的事情，但她說她沒做，父母會說：『我瞭解我女兒，她有缺點，但她不會撒謊。』問題是，這會導致孩子陷入一種棘手的狀況，這表示無論發生什麼事，你永遠無法知道真相。」

每個孩子都會撒謊，每個大人也會撒謊。不撒謊當然很好，因為那讓親子之間更有機會進行適當的對話，達到真正的親近。但每個人都會撒謊，我們不應該把孩子撒謊當成罪大惡極的事。

畢竟，那樣做會傳達給孩子混淆的訊息。撒謊在我們的文化中是可以接受的，我們要求孩子不要撒謊，但奶奶連續三年為他織了醜陋的圍巾當聖誕禮物時，我們又教小孩要假裝感謝。你仔細想想會發現，孩子不得不學習掌握一種複雜的狀況：何時才適合撒謊。

孩子隨時都可以目睹父母撒謊。例如，孩子聽到你對伴侶說，你告訴你的同事你不能參加公司的迎新會，但實情是你根本不想去。如果孩子目睹你做這種事，看到你可以完美地說服別人相信不真實的狀況，他沒有理由相信你永遠不會對他撒謊。

說到撒謊，那對孩子來說是一件很有成就感的事。首先，他必須構思另一種現實，然後說：「這件事發生了。」接著，他必須把這件事和實際發生的事都記在心裡，而且必須把兩者區分開來，以免露出破綻。然後——這才是真正聰明的地方——他還必須記住你在想什麼，以及你知道什麼。

兩三歲的幼兒可能會有欺騙行為，例如背著你把不愛吃的東西拿去餵狗。但他們直到四歲左右才會開始像我上面描述的那樣撒謊。他們那樣撒謊後，會發現他們有了一種新的超能力，「哇，我可以捏造故事，大家依然相信我！太神奇了！」

孩子撒謊往往是因為生活中的成人無法冷靜地看待真相，無法對真相不加評判。有些孩子撒謊是為了擺脫麻煩，有些謊言是幻想或是為了取悅成人，或是為了幫別人一個忙。

有時孩子撒謊是為了傳達一個情感上的事實。有人問他怎麼了，他不知道該怎麼解釋時，他會編造故事來配合自己的感覺。

弗洛三歲上托兒所時，有一天她看起來不像平常那麼活潑。老師問她是不是出了什麼事，她回答：「我的金魚死了。」我去接她放學時，老師告訴我那次對話，我說：「呃，可是我們沒養過金魚。」

仔細一想，我意識到她是在說另一種實話。那時我親愛的姨媽過世了，我很難過。弗洛可能看到我流淚，也許那陣子我對她專注的東西沒什麼興趣；也許她對我說話時，我沒聽見。整體來說，我雖然在她身邊，卻無法關注她。也許她想念我平常的樣子，把它比喻成一條金魚？或者，更有可能的是，她可以處理及想像金魚的死亡，但我失去親人這件可怕的大事需要簡化成一條金魚，她才能夠處理那個資訊。後來，我把我認為真正發生的事情告訴了老師。

對孩子來說，接受幻想比接受現實來得容易，我們需要尊重這點。我們愈常用言語來表達我們的感受和孩子的感受時，孩子就愈不需要以撒謊的方式來傳達真實的情緒。這需要多年的學習。

有時孩子幻想的謊言是一種自我安慰的形式，我們必須像面對孩子所有的異常行為一樣，去瞭解行為背後的感受，而不是去譴責孩子的行為。如果事情大到令孩子難以承受（像我女兒無法處理我姨媽過世的事情那樣），他會把大事簡化成一條金魚或任何對應的東西。

年紀更大的孩子撒謊時，還有更多的理由。你可能已經料到康奈爾女士的睿智說法後來應驗了。弗洛十五歲的時候確實對我撒了謊。我發現她撒謊時，想起康奈爾女士的話，並沒有把那件事情看成很嚴重的悲劇。

相反的，我聽了女兒的解釋。她和一位朋友都告訴父母，他們在對方的家裡做功課，但實際上是去當地大學的學生酒吧。

她說她必須說謊，因為我絕對不會讓她去那種地方，我靜靜地聆聽了她的說法。我告訴她，我確實不會讓她去那種地方，因為那是違法的：她尚未成年，不能喝酒，而且那是私人酒吧，他們無權使用。

但是，我也說，我不讓她去的真正原因是我很害怕。我害怕是因為我十五歲時，我也有過類似的經歷，我也沒告訴父母。我回顧以前的反常行為，覺得我是讓自己置身險境，只是很幸運沒出事。

我告訴她，我還沒準備好讓她像我那樣，在那個年齡把自己置身於險境，喝太多酒，試圖讓年紀比我大、比我世故的人刮目相看，失去了理智。我告訴她，她必須等到我放心讓她去做那樣的事情時才做。我說，如果她因此感到失望，我可以理解。事實上，隔年，我已經放心給予她更多的自由。弗洛十六歲的時候，我讓她和同伴在一個流行音樂節上露營，他們都安然無恙。在她去之前，我們確實討論過，我也談到我的擔憂：萬一妳的手機沒電，妳和朋友走失了，妳會怎麼做？妳如何判斷現場提供的藥物是否有風險？（那是陷阱題）。她的回答很精明。

現在弗洛已經成年了，她很喜歡跟我說一些她當時沒對我透露的事情，藉此嚇唬我，尋我開心。凌晨三點時，他們的帳篷是現場唯一沒著火的帳篷。她和朋友離開了現場，步行數英里到火車站，在那裡過夜。對一對十六歲的孩子來說，那是一次奇妙的冒險。弗洛覺得當時她不能告訴我那件事，因為她覺得保守那個祕密很有趣。

家長不要對孩子的所作所為以及他告訴你的事情反應過度比較好，因為不反應過度更有可能維持親子溝通管道的暢通。我可能對自己的恐懼反應過度，偏離了包容孩子的理想太遠，所以她才會覺得當時我還沒準備好聆聽真相，直到多年以後才對我吐露實情。

教養青春期的孩子時，請記得你自己青春期是什麼樣子。那時父母為了阻止他們的恐懼變成現實，而對你設下了種種限制，使你覺得綁手綁腳，很不自在。青少年確實需要對一些事情保密，像我女兒那個沒多大傷害的故事。孩子需要這種隱私來塑造獨立的身份。青少年可能也會為了幫自己創造空間而撒謊或故意不透露真相。這不表示他一定在做什麼壞事，他可能想做只有自己或朋友圈知道的事，因為他正在脫離家庭與父母的圈子，打造自己的新圈子。

你的目標是從嬰兒期到成年期，持續維持親子溝通管道的暢通。重要的是，孩子覺得他可以告訴你真相，覺得他的所有感受都會獲得接納，甚至包括那些你覺得麻煩的感受和態度。如果孩子覺得對你透露這些不放心，萬一他在學校被欺負，或被柔道教練的性暗示嚇到時，他能向誰求助？你需要包容孩子的感受，別對他的行為或告訴你的事情反應過度——你的作法是不要做出評斷，讓孩子去腦力激盪解決問題的可能方法，而不是直接告訴他該做什麼。我們的人生經驗比孩子豐富，有時孩子告訴我們一些事情時，我們可能很想告訴他該做什麼，但是可以的話，請克制這樣的衝動，這樣你才能給孩子灌輸信心，以免剝奪他的能力。如果你是傾聽者，而不是扮演先知，孩子更有可能持續對你說實話。

孩子說謊，或做了其他你想改變的行為時，與其做出反應，你更應該找出說謊或行為背後的原因和感受。如果你理解並確認那些感受，你等於給孩子一個機會去尋找更好的方式來表達自己和他的需求。

康奈爾女士跟我提起一個學生的故事。「我以前有一個學生，每次世界上發生災難時，她總和那個災難有關連。無論是地震，還是火車相撞，她都有一個遠房表親或姐夫，或家庭的朋友遇難。過了一段時間，我意識到那不太可能。我想，她之所以說謊，是為了獲得關注與同情。那可能是因為她無法以直接的方式獲得關注與同情，才會根據當天的新聞編造那些不太可能的情境。」

為了找出問題的根源，重點是不要拘泥於謊言，而是去找出孩子生活中缺少了什麼，或發生了哪些事情是需要你同情與關注的。另外，你也需要瞭解，究竟發生了什麼事，導致孩子必須採取這種迂迴的方式來獲得同情與關注。

你可能會想，話雖如此，但撒謊仍是錯的。但是，以嚴厲的道德管教方式來處理說謊，並不會使孩子變得更誠實。事實上，研究顯示，那會導致孩子更擅長撒謊。

研究員維多利亞．塔爾瓦（Victoria Talwar）造訪西非的兩所學校。那兩所學校招收的學生很類似，但管教方式截然不同。一個很像典型的西方學校：如果你做錯事（例如撒謊或調皮搗蛋），老師會找你去談話或留校查看，指引你下次該怎麼做。另一所學校是採用懲罰的方式：孩子行為不端時，老師會叫他出去，痛打他一頓。

塔爾瓦想知道哪種方式比較能教出誠實的孩子，所以她做了一個實驗，名叫「偷窺遊戲」。她邀請一個孩子進房間，對他說：「你坐在這裡，面向牆壁。我會在你身後拿出三個物體，你必須從它製造的聲音猜出每個物體是什麼。」她故意讓第三個物體發出一個不相干的聲音，例如，那是足球，卻發出生日音樂賀卡的聲音。

她請孩子回答之前，她說：「我得離開房間一下子。別偷看喔！」當她回來時，她說：「你沒偷看吧？」孩子總是回答：「沒有。」然後她問：「第三個物體是什麼？你可以從聲音猜出來嗎？」幾乎每個孩子都說：「這是足球。」因為他們幾乎都偷看了。

塔爾瓦接著問：「你怎麼會知道？你偷看了，對不對？」這時，她可以衡量孩子撒謊的程度及撒謊的效果。在非嚴格管教的學校裡，有些孩子撒謊，有些沒撒謊。兩者的比例和她在其他國家做實驗的結果差不多。但是在那所採用懲罰制度的學校裡，孩子都很樂於撒謊，而且他們的謊言還很有說服力。所以，學校以懲罰來遏止撒謊時，不知不覺中反而使學校變成製造高明說謊者的機器──康奈爾女士一直都知道這點。

當孩子說謊時（注意，我是說「當」，而不是「如果」），請記得說謊的所有原因。這是一個發展階段，孩子正在模仿你，正在創造私人的空間，他說謊是為了溝通一種感覺，為了避免懲罰或避免沮喪。如果說謊是問題，最好是解決問題，找出謊言背後的原因，而不是懲罰孩子。懲罰只會使孩子變得更擅長說謊。

你愈喜歡評斷孩子，愈喜歡採取懲罰的方式，孩子愈不可能對你吐露實情。他還是會想要取悅你，想要獲得你的認可，但他會把誠實撇在一邊，把真實的自我擱在一邊，那可能對他的心理健康有害。嚴刑峻法無法培養出有道德的好公民。嚴格的管教也無法培養出讓雙方都滿意的親子關係，那反而可能破壞孩子在生活中培養持久、滿意人際關係的能力。

請記住康奈爾女士的話：「孩子會撒謊。身為家長，你的任務是不要為此小題大做。」

界限：界定你自己，而不是孩子

孩子——以及所有的人——需要的，是愛加上界限，而不是只能二選一。界限對任何人際關係都很重要。界線是你在沙子上畫的那條不許別人穿過的比喻線。超過那條線就是你的極限。一旦跨入極限，你便不再冷靜，無法處理挫折。

所以最好在達到極限之前，先設定界限。設定界線的一個例子是說：「我不能讓你玩我的鑰匙。」接著就把鑰匙拿走。平靜但堅定地陳述界限。你達到極限時，已經沒那樣的控制力了，也許你的反應會令孩子感到害怕，也許你會直接奪回鑰匙，對孩子大吼大叫。

有時家長覺得設定界限很難。例如，經歷多次流產、做試管嬰兒或經歷某些悲慘情況（比如另一個孩子過世）後，好不容易才生下的孩子。父母可能會被那種幸福的奇蹟所蒙蔽，因此不知道自己的極限在哪裡，把孩子當神一樣捧著。沒有界限時，孩子不會知道你和其他人的極限在哪裡。如果你從小就覺得自己很重要，無所不能，你可能從良好的自尊變成自欺。每個人都需要界限，以便有某種架構來支撐生活並學習一起生活，孩子也不例外。你應該養成一個習慣，透過描述你自己、而不是描述孩子來劃定界限，所以你應該說：「我不能讓你玩我的鑰匙。」而不是說：「我以前告訴過你，你不能碰我的鑰匙。」即使孩子仍無法理解語言，如此界定你自己也是家長應該養成的好習慣。以後你和青少年劃定界限時，孩子更容易聽懂「我需要你十點前回到家」，而不是「你年紀太小了，十點以後不該在外面逗留」。

底下是一封來自朋友的電郵，我剛剛和他分享了「定義你自己，而不是定義孩子」的理論。

前幾天晚上，我沒像往常一樣說：「去刷牙，快去刷！我已經告訴你四次了，我不會再講了。你現在不做的話，我會縮短你使用螢幕的時間。」我說：「今晚我真的很累，我已經很厭倦聽我自己嘮叨你去刷牙了。可以請你去刷牙嗎？」他照做了，我真愛他。

你會希望你設的界限是有效的，所以不要發出空洞的威脅。在孩子意識到你的威脅很空洞之前，那聽起來太可怕了，很容易破壞孩子的思考流程，而不是幫他學習思考。而且，一旦他知道你的威脅可能是空話時，他就不會把你當一回事。所以，你需要說到做到，不要心軟退縮，而把鑰匙（或其他東西）又交給孩子。孩子可能因此發脾氣，你可以同情他因為得不到鑰匙而感到失落，同時堅守你的鑰匙和界限。

面對嬰幼兒時，你設定界線的方式是，把孩子抱離你不想讓他做或打擾的事情。這樣做時，你必須尊重孩子，尊重孩子不是在「寵壞」他。

例如，你可能會說：「我不能讓你逗狗，所以我要把你抱起來，離開狗的身邊。」即使孩子還不會說話，你親切但堅定的語氣，以及你把他從正在進行的事情中移開，可以逐漸讓他知道你不贊成他做的那個活動。

或者，你也可以說：「我帶你離開房間，是因為你不能在別人演講時吵鬧。」孩子可能聽不懂你的話，但他會開始具體瞭解什麼是合宜的，什麼是不合宜的。如果孩子把玩具鍵盤拿來當武器，你可以示範給他看，鍵盤是用來玩的，不是用來打人或亂扔的。接著你可以說：「除非你拿鍵盤來玩，而不是拿來打人，否則我要拿走囉。」如果孩子的不當行為依然持續，你就把鍵盤拿走。

說話要冷靜、溫和、堅定，而且要說到做到，始終如一。不對孩子發出空洞的威脅，貫徹執行實體移除的優點在於，孩子會學會認真看待你的話，因為你是言出必行的人。這種方法令我訝異的是，當孩子大到你無法直接把他抱離現場時，他已經知道你是說到做到的人，所以他會按你的指示做，就像以前你可以直接把他抱離現場一樣。如果孩子已經過了「你可以直接抱離」的階段，你應該藉由界定你自己、而不是界定他來設定界線，不要陷入理由之爭（參見P. 280-283）。切記：你和孩子站在同一邊。你們雙方都希望彼此滿意。為了達到那個目標，你需要傾聽及同理他的感受，包容他的失落感，學習何時該堅定立場（例如，接近你自己的極限時，或孩子的安全岌岌可危時，或更常見的是，你擔心他的安全已經超出你能忍受的範圍時），何時該靈活應對（例如，長遠來看改變計畫或期望，不會危及任何事情的時候；你為了維持形象而堅定立場的時候；你想要操弄孩子，而不是理解孩子的時候）。我寫這段文字時，聽到一些孩子在鄰居的花園裡玩耍。他們變得愈來愈吵，彷彿快玩瘋了。接著，我聽到一個大人對他們說：「我覺得你們太吵了。你們可以在外面安靜地玩，不然就進屋內。」我喜歡她那堅定但平靜的語氣，我感覺放心多了，彷彿我是那些失去控制、需要界限的孩子之一。過了一會兒，孩子又吵了起來，那個大人再次出來，以更堅定的語氣說：「好了，你們都進去屋子裡吧。」孩子成群走入屋內，他們都知道她是認真的。

盡量不要以負面的話語來設定界限也有幫助。所以，與其說「不要在牆上畫畫」，你可以說「牆不是用來畫畫的，紙才是畫圖的地方，這裡有一些紙。」下面是關係破裂後的修復例子，伊法的母親吉娜學會如此對待兩歲的伊法。

我們剛剛過得很愉快。伊法畫畫後去洗手，她在洗臉盆裡裝滿水，然後小心翼翼地把它放在一邊。我說：「伊法，妳好細心。」她說：「對啊。」接著她擁抱我。我這才意識到，以前我說話不是那麼正面，我通常是說：「不要把水灑出來」、「不要把地板弄

濕」。她的擁抱是對我這種溫和教養行為的獎勵。

首先，界限是為了保護孩子安全。我們可以說：「在花園裡玩，不要到馬路上玩，因為路上不安全。」這樣一來，孩子會顧及環境和其他人。家長劃定界限時，常假裝那不是在界定自己。我們可能會說：「這個節目結束時，你必須關掉電視，因為你看太多電視了。」這樣講是在界定孩子。沒有人喜歡被界定或被告知他需要怎麼做，尤其是他認為自己不需要的時候。在這個例子中，你真正的意思是：「我不想看電視了，所以這個節目結束後，我會把它關掉。」你可以界定自己，而不是對孩子（和你自己）假裝你很客觀，這樣做也是對孩子的良好示範。你是在示範，你傾聽你的感受，並從感受中瞭解你想要什麼，接著就去執行。這是維持理智的關鍵。

你可能看過一些專家主張，孩子一天看電視的時間超過一小時不好，所以你告訴孩子他看太久了必須關電視時，可能會覺得你是在陳述一個客觀的事實。但是孩子可能不覺得很久，所以你那樣講可能會挑起親子之間的「事實網球」。所以，你應該界定自己，使用「我陳述句」來設定界線，說出你的感受：「我不太希望你繼續看電視，所以這個節目結束後，我會關電視。你會想玩點別的嗎，或是想幫我一起準備晚餐嗎？」

對孩子發脾氣可能會對孩子造成精神創傷，使他封閉起來，不願溝通。所以，你最好知道自己的極限，並在你達到極限之前堅守界線。界線是你停止行為的時候，極限則是你超越界線後、情緒爆發的時候。

所以，如果你發現孩子看兩個小時的 YouTube 或卡通後，你會失去理智，兩個小時就是你的極限，你需要在兩個小時之前設定界限。界線對被設限的人有好處，也對設定界線的人有好處，我們不該假裝。

如果你假裝你設定界線有合理的理由，你等於是在教孩子把真實的感受藏在合理的理由背後。那會導致溝通變得更困難，因為孩子會變得愈來愈擅長編造合理的理由，而不是透露感受。除非你從一開始就習慣清楚地溝通，你也習慣談自己的感受、聆聽孩子的感受並認真看待孩子，否則你很難進行比較棘手的親子對話（例如談性與色情、社群媒體、壓力和感受）。

如果你為界線編造理由，即使理由聽起來很合理，你也會陷入各種困難。「爸爸讓我八點才睡覺，為什麼你說我七點半就必須睡覺？」小孩會納悶：「誰是對的？」那種情況下，真相可能是：「爸爸不介意你八點才睡，但我介意。今晚我希望你七點半上床睡覺，是因為我想在八點看一個節目，不受打擾。」

我們都需要誠實地對待孩子，這表示我們應該與孩子分享我們的感受，而不是假裝我們沒有任何感受。我們的感覺和個人喜好，無可避免會影響我們的決定（例如孩子應該何時就寢），我們不能假裝個人感覺或偏好不會影響。

同樣的，如果你訂的規矩看起來很瑣碎，孩子可能心生不滿。例如，某個家庭中，長子有自閉症，他需要知道會發生什麼事求及什麼時候發生，而且事情一定要照那個計畫發生，每天都必須一樣。家長以同樣的慣例和規則來教養後面兩個兒子，因為他們認為，如果他們給老二和老三一些彈性，卻不給老大，那「不公平」。他們會說：「約翰十二歲時是八點就寢，所以你也應該如此。」如果你的教養方式那麼僵化，不把每個孩子視為獨立的個體看待，他們可能會逐漸累積對你或兄弟姐妹的怨恨。累積怨恨也是在累積麻煩。

設定界線的經驗法則是，界定你自己，而不是界定孩子。例如，孩子放音樂的聲音很大，打擾了你。孩子沉浸在音樂中，不亦樂乎，你則是開始煩躁起來，心生不滿。換句話說，你正在接近你的極限。這時你可以界定自己，描述你的感受，而不是界定孩子。你可以說：「我覺得音樂太大聲了，我想請你調小聲一點。」而不是說：「你的音樂太吵了，把音量調小一點。」

我的父母對我發號施令或劃定界限時，從來不界定自己，我記得那感覺很令人沮喪。當時我可能不太清楚原因，但我總覺得不太對勁，他們的說法令我感到憤怒又孤單。我因此決定，等我有孩子以後，我會採用不同的方式。我會對孩子誠實，對他說實話。儘管我告訴女兒我覺得很冷又無聊，想趕快離開遊樂場，感覺那很像承認我很自私，但如此界定自己，效果很好。藉由示範及說出我的感受，接著說出我想說的話，女兒也學會做同樣的事情，我們不會陷入理由之爭。

什麼是理由之爭？理由之爭就是打「事實網球」，假裝感受完全不影響決定，但對話持續升溫，變成唇舌之戰或對立。例如：

大人：「我們得走了，因為我們需要做午餐。」

孩子：「不需要啊，我們可以吃剩菜。」

大人：「不管怎樣，現在都該回家吃午餐了。」

孩子：「我不餓，如果你餓了，袋子裡有蘋果。」

大人：「你需要吃像樣的午餐，我們現在要回家了，就這樣。」

孩子：「哇——（哀號）！」

如果你常發現自己陷入這種爭論，那是因為你無意間教了孩子「事實網球」的規則。你可能以為提出一個牽涉到孩子的理由（「現在是你吃午餐的時候了！」）感覺比較好，或比較不會聽起來很自私。但那不是你想離開遊樂場的真實原因。真正的原因可能是，你自己想吃午餐。你端出前面那個理由，反而給孩子太多的爭論空間。如果是你想吃午餐，他無法跟你爭辯那個事實。

擺脫理由之爭的方法，是描述你的感受，說出你想要什麼。每個人都分享自己的感受，而不是假裝一切都是為了某個理由時，協商就容易多了。

所以，請試著這樣做：

大人：「我們得走了，因為我想吃午餐。」

孩子：「我不想走。」

大人：「你不想走，我很抱歉。但是我不吃午餐的話，會餓到脾氣暴躁。我再給你兩分鐘玩遊戲，之後我們就離開了。」

接著，你要堅持到底。

我記得有一天，我告訴女兒，我在遊樂場上覺得又冷又無聊，所以我們五分鐘後要離開，她主動跟我說：「妳想走的話，我們也可以兩分鐘後就離開。」我聽了非常驚喜。

孩子獲得傾聽，感受也獲得重視時，他會覺得自己受到尊重，比較不會因為失落而發脾氣，也比較可能想跟你和睦相處，並學會發揮同理心。未獲得足夠聆聽的孩子，要求比較多。至於年紀很小的孩子，他們需要好幾年的時間才能清楚地表達自己，所以你需要藉由觀察來傾聽。底下案例說明了我的意思。

我的兒子保羅六歲，有言談及語言障礙，那可能與自閉症有關，但我們還沒帶他去做正式的診斷。他嬰幼兒時期，家裡有時感覺像戰區一樣。

我和伴侶開始試著從他的角度去理解生活後，我們全家的生活都改善了。我們需要花大量的時間和精力去觀察與傾聽以瞭解他。他教會我們耐心。我們學到，何時可以稍稍把他往前推進，何時應該縮手。我們還有一個女兒，比保羅大兩歲。因為她運作的方式比較像我們，我們不需要經常臆測她的意圖。但我們從兒子學習的過程中，也開始更細心地觀察及傾聽女兒。她在我們身邊總是很可愛，但我們也注意到，當我們更體諒她時，她也學會更體諒我們。

為年紀較大的孩子及青少年設定界線

「我十四歲的時候，我父親實在太無知了，我幾乎無法忍受他。但我二十一歲的時候，我驚訝地發現，這個老人竟然在七年裡學了那麼多東西。」馬克吐溫說。

為青少年設定界線可能感覺比他們年幼時更加困難，但是如果你已經習慣界定自己、而不是界定孩子，那就容易多了。但如果你還沒養成這個習慣，現在開始永不嫌遲。

我兒子伊森十幾歲時，行為惡劣。他在學校惹過幾次麻煩，但還不是多大的問題。但他快十六歲時，情況惡化了。某天我接到警察局的電話，要我去接他，因為他參與了「超市掃蕩」活動。他和一群朋友在超市裡裝滿一個手推車，裡面全是啤酒和糖果，並試圖不付錢就直接推走所有的東西。他說他不知道自己為什麼會那樣做，只是跟著大家一起鬧著玩而已，這完全不符合他的性格，但我也擔心他可能正在養成這種性格……

啤酒和糖果。這是青少年的寫照——剛好介於童年和成年之間的階段。孩子該如何因應這個時期呢？你還記得你在這段期間有多困惑嗎？身為父母，我們該如何應對？你可以說出那種行為給你的感覺。孩子到了這個階段，父母最常用的字眼是「失望」。相較於父母以「你的行為跟白癡一樣」之類的說法，父母以「失望」來界定自己時，孩子覺得更難過。另一種作法是檢討問題清單，逐步細分，讓孩子瞭解他的思維流程。如此一來，青少年以後就能學會自己使用這種方法。

❶ 界定問題

在這個例子中，你可以說：「我覺得店內偷竊是不對的。我們需要瞭解為什麼會發生這種事，並找出避免下次再犯的方法。我去警察局接你時，簡直無地自容。」

❷ 找出問題背後的感受

親子間的對話可能是這樣：「你們五個少年聚在一起時，發生了什麼事？因為你們每個人單獨來看都不像天生的犯罪者。」

「我不知道。」

「好吧，慢慢來。你做那件事之前，有什麼感覺？」

「我們有說有笑。」

「然後發生了什麼事？」

「我們開始互相挑戰。」

「然後發生了什麼事？」

「我們就做了那件事。」

「我在想，是不是你們五個湊在一起時，相互刺激，結果一發不可收拾，形成一種難以抗拒的同輩壓力。是不是這樣？」

「對。」

❸腦力激盪解決方案

「所以，下次又發生這種情況時（你正要做一件你知道不好的事情），你如何及時制止自己，以免情況失控？」

「我想，我們可以用想像的就好，而不是實際去做。例如，想像要是做了那件事有多好笑。」

「那也許可以大笑一場，而且不會有可怕的後果。」

「對。」

第二步和第三步可能需要重複，因為孩子可能有其他的事情需要談論，比如他覺得他無法應付學校對他的期望，或其他的問題。也許你可以這麼說：「我在想，你是不是因為被留校查看，所以本來就覺得很憤怒、想叛逆了？」但切記，讓孩子在腦力激盪中當主導者。

你可能想為將來的行為設定界線。你可以藉由界定你自己、而不是界定孩子來設定界限。

所以，與其說「你不可信，你被禁足了」，不如說「我會把你留在家裡幾週，因為從警察局接你回來以後，我不想再一直擔心你了，我需要休息一下，我希望你在家裡待一陣子。」你可以持續透露你的感受。

不要評斷孩子。給孩子貼上無能、衝動、不值得信任或不成熟的標籤，無法幫他們進步。設定界線是好事，例如「在我更有信心之前，我不希望你出去」，但是採用懲罰的立場會使人變得更加固執，也無法促進親子之間的理解。你應該讓對話持續下去，堅持下去，並檢查解決方案的效果。

切記：你想設定界線時，應該界定自己，而不是界定孩子。以你自己的感受作為理由，因為你的感受**才是**理由。舉個例子，十三歲的孩子想自己搭夜車穿過市區回家，你可以說：「你想的沒錯，你或許可以搭那班公車，你知道如何負責及安全地搭車。問題是，我還沒準備好讓你自己那樣做。我必須趕快習慣你已經愈來愈成熟了，可以照顧自己了。請再給我一點時間，讓我準備好適應這種狀況。」這樣講的話，你是在示範誠實溝通，也是在示範如何設限。孩子會因此學到，他不准他深夜自己搭公車不是他的錯，而是因為你還不放心。他本來就知道這點，但你不假裝那不是原因的話，他更有可能包容你的決定，那也有助於親子關係的發展。

青少年與青年

雖然這樣講很老套，但十幾歲的孩子正經歷人生的一個階段。人類要到二十五歲左右才成熟。在那之前，我們比較有可能在冒險與決策方面犯錯。一般認為那是因為我們的額葉（亦即我們思考的地方），還沒與大腦的其他部分建立起快速的連結。但是，與此同時，我們感到興奮的能力卻已經達到一生的顛峰。青少年對事物的感受比幼童或成人更深刻、更全面。他們衝動展露情緒時，說「這不太好」或「別那樣做」的能力還沒跟上。有些人學會掌控衝動的時間點比較晚，但這不表示他們永遠不會在行動之前就預想可能的結果。多數人終究會發展出那樣的能力。

就像幼童逐漸發現自主性的階段一樣，青少年需要愛，再加上界限及父母的樂觀，才能學會掌控情緒與衝動。切記，行為達到新的里程碑之前最為棘手。你可以把青少年體驗的情緒想像成彩色的，相較之下，我們的體驗是黑白的。如果孩子能夠把豐富的情感能量投入在創意上（例如音樂或體育），那當然很好。但有些孩子是以不恰當的行為來表達情感，那並不罕見。身為家長，你的任務是為孩子提供一個界限，一個腦力激盪解決方案的空間，更重要的是，不要為此小題大做。

找出麻煩的行為想要傳達什麼訊息，接著解決問題，再進行腦力激盪，這個三步驟的計畫不是處理孩子麻煩行為的唯一方法。家庭可以透過這些里程碑來尋找自己的方式，並利用自己的方法來修復裂痕。以下是蘇菲亞的故事。

我下班回家時，聞到菸味。我走進客廳，看到十六歲的女兒卡蜜拉和朋友在那裡。我一直不太喜歡她這個朋友，因為女兒和她在一起時，好像總是在胡搞一些花樣。於是，我轉向那位朋友問道：「妳剛剛抽菸了嗎？」我女兒平靜地說：「不是，媽媽，我們都抽了。」但我不想聽她講，而是繼續對她的朋友說教，說我不喜歡她在我家抽菸。平常很乖巧的女兒突然暴跳如雷，開始對我大喊：「不對，媽媽，是我抽的！別再唸她了！為什麼妳從來不聽我說呢？」

她的朋友離開時，她已經氣到累癱了。我很震驚，因為她不曾那麼生氣。我說：「妳那樣對我說話，我很失望。我現在不想看到妳，妳上樓吧。」我先生亞當回家後，我告訴他發生了什麼事。他提醒我，我們都曾經抽菸，我也是在女兒那個年紀開始抽菸的。他說，女兒剛剛指出她已經受夠了父母把她當成善良的天使，把她的朋友當成魔鬼。他也說我對她的朋友太快下定論了。

亞當幫我從卡蜜拉的角度看問題。我想起青少年的大腦是什麼樣子時，也開始冷靜下來。

亞當和我談話時，我正在把現成的酥皮放在派餅上。我在酥皮上刻了「抽菸致命」的字樣，再把它鋪在派餅上，我想以此跟女兒和解。她下樓吃飯時，侷促不安。但是她看到那個派餅時，笑了出來。接著，我們都笑了，緊繃的氣氛瞬間消散。

卡蜜拉拍了一張照片，把它傳上Facebook，並描述她抽菸被逮到，跟我大吵一架，以及那個剛命名的「和解派」。她的朋友留言說，我應該用菸屁股做個派給她吃——但我不敢做得那麼過火！

你和十幾歲的孩子鬧彆扭時，請記得這點：如果你經常傾聽孩子，並從他和你的角度觀察情況，不久的將來，你就能回顧類似這樣的情境，跟著孩子一起大笑。換句話說，你會修復破裂的關係，尤其是你先破壞的關係。你的修復方式可能是做一個和解派，或者，更有可能的方式是以言語表達。

切記，不要否認孩子對你的感受。身為成人，我們不像孩子進化及發展得那麼快，我們對青少年的看法可能六個月前還是準確的，但現在已經過時了。所以，六個月前，孩子可能很樂於讓你幫他做功課，但現在他可能覺得你的幫忙很干擾。切記，孩子說你很煩或你根本錯了的時候，不要辯解。不過，如果這時你已逼近極限，幫孩子找出更好的抱怨方式，讓你更容易聽進去他的抱怨，可能是恰當的作法。你和家人使用界定自我的「我陳述句」，而不是界定別人的「你陳述句」來表達你的經驗、感受、界線時，一切會變得更容易。

青少年在家庭之外塑造自己的身份，發展新的身份標記來幫他形成及融入新的圈子時，可能會暫時失去一些魅力。你並未失去你心愛的孩子。孩子在中學和大學的新朋友圈中感到安心時，他與你分離的需求就會減少，他的優點會重新顯現。青少年的大腦有時像未馴服的野生動物一樣猛烈。身為家長，你有時可能會覺得很難理解這個時期的孩子，但是請繼續努力，保持樂觀：孩子的額葉發育會趕上情緒的。

青年——事實上是二十出頭的人——可能會表現出不安全感，因為他們還不知道自己在生活中的位置。不安全感是一種恐懼，有時當我們感到害怕時，我們的本能是發動攻擊。在某些領域，年輕人的機會可能很少。找到一個角色並塑造一個身份，那本身已經是個挑戰。切記，在我們克服人生中的下一個障礙之前，我們通常是處於最糟的狀態。年輕人需要理解與支援，才能找出自己的方式，他們往往只知道以行動來表達內心的沮喪。這對他們周圍的人及整個社會來說，往往造成麻煩。永遠不要因此認定某人就是「惡劣」。相反的，請幫他們獲得需要的協助。切記，幫助別人就是幫他幫助自己。當我們做一個人可以自己完成的事情來解救他時，我們是在剝奪他的能力，那可能使他感覺更糟。例如，孩子挑選大學時，我們可能在他身邊和他交流想法，但是要選擇就讀哪所學校，通常是交由孩子自己決定。我們可以提醒孩子，多數學校都有開放參觀日，但查詢時間及報名參觀等任務最好留給孩子自己去做。我們可以分享我們知道的事情，但不需要直接告訴他該做什麼。

青少年出現反社會行為，打破平常給人的乖巧印象時，家長常有的反應是：「孩子交到壞朋友。」那個群體裡每個孩子的家長可能都這麼說。對別的家長來說，你的孩子正是他們眼中那個壞朋友。這是人之常情，每個人都做過。我們不願承認自己的孩子和其他的孩子都該為發生的事情負責，而是把事情歸咎於他人，把自己視為無辜的受害者。問題不在於每個人都是「壞孩子」，而是同輩的壓力難以抗拒。你可以想想你十幾歲的時候因同儕壓力做了什麼。

兒童和青少年會試探性地做一些事情，那很正常，但你不見得能接受那些事情。你可以讓孩子知道你的感受：「……的時候，我很生氣」、「你……的時候，我很害怕」、「你……令我心煩」，但不要錯過分享正面感受的機會。「你……的時候，我很自豪」，「你……的時候，我很佩服」，「你……的時候，我實在太愛你了」等等。

只要不把孩子的感受視為胡鬧，只要你能傾聽、不做判斷，只要你能確認孩子的體驗，你更有可能保持溝通管道的暢通。隨著你們雙方年齡的增長，孩子更有可能持續向你傾訴。這使孩子和你在設定界線方面變得更容易、更自然。

如果你們的親子關係曾經破裂，我建議你誠實面對你在那次破裂中所扮演的角色。如果你不知道你做錯了什麼，我建議你問孩子該怎麼做才能修復裂痕（而且不要辯解）。或者，詢問你怎麼做可以讓你和孩子更容易交談。如果你隨時謹記著年長者不是唯一正確的人，那也對你有幫助。

記住底下這個簡單的經驗法則也有幫助：界定你自己和你的感受，而不是界定孩子。所以，與其說「你還太小，不能去酒吧」，不如說「我還沒準備好讓你去酒吧」。

我的客戶麗芙向我提起，她與十六歲兒子麥特的關係。

我們相處的時間愈多——一起做事，一起休閒——要求他做事愈容易。例如，請他把床單拆下來清洗，或是把洗碗機裡的碗盤拿出來。當我說：「你可以做這件事嗎？」他會說：「當然可以。」但我忙著處理自己的事情或忙於工作時，比較沉浸在自己的世界裡，這時我提出同樣的要求：「你可以做這件事嗎？」他比較可能回應：「不行。」或甚至：「不要，為什麼要我做？」以前，我們為此吵個不停。後來，我的工作不再那麼繁忙時，我有更多的時間跟孩子一起看電視或吃披薩，我們的生活又恢復以前那種合作模式了。

我做了約十年的父母才發現這點。我對先生說：「你不能過你自己的生活，然後突然闖進麥特的生活說：『我希望你做這件事。』」這有點像陌生人走進你家，告訴你該做什麼。我們之間的連結愈多，愈容易解決問題及進行協商。如此一來，彼此都能獲得需要的東西。

麗芙的經歷提醒了我，無論孩子的年紀多大，花時間和孩子在一起、傾聽他的心聲很重要。不要在陪伴孩子時，雙方各自盯著不同的螢幕，或各自過著不同的生活，只是分享一個空間。我們需要確保我們除了與孩子一起生活以外，也彼此相連。

溝通管道暢通時，就比較容易和孩子談一些更複雜、更微妙的議題，例如性愛、毒品、霸凌、友誼、色情、網路世界。你可以得知孩子和年輕一代是如何看待這些議題的，你和孩子可以分享你對這些議題的感受和知識，以及過程中的每個變化。如果你不願意被孩子的意見與感受所影響，他也不太可能接受你的影響和睿智建議。

檢視你青春期的歲月，可能會讓你產生不愉快的醒悟，但是當你回憶青春期的樣子時，也許可以在你與孩子之間找到更多的共通點，底下的引述就是一例。

「為了更瞭解布朗，我回顧了我在他那個年紀所寫的日記。我對那些內容的粗俗與自命不凡感到震驚。」—伊夫林·沃（Evelyn Waugh），日記，一九五九年。

練習：行為準則

- 界定你自己，而不是界定孩子。
- 不要假裝你的決定是基於事實，但實際上卻是基於你自己的感受與偏好。

- 記住你和孩子是站在同一邊。
- 與孩子合作及腦力激盪，而不是對他下命令。
- 缺乏真實性會導致關係破裂，當你變得真實時，就可以修復關係。
- 切記，孩子受到什麼樣的對待，他就會以同樣的方式待人。

練習：把較年長的青春期孩子想成房客

如果你不知道對孩子設定什麼界線是合理的，你可以把他想像成住在你家的房客。你依然可以設定家規，但你的家規是界定你自己，而不是界定他。例如：

- 「我希望你把包包放在自己的房間，而不是走廊上。」
- 「我希望你十二點以前回家，因為你回來太晚的話，我會一直預期被你吵醒而睡不好。」
- 「我不喜歡看到舊盤子堆在房間裡，家裡不准這麼做。」
- 「你可以隨時使用洗衣機。」

如果你把快成年的孩子想成房客，那可以給他一些渴望的距離，彼此尊重。

家長應該記得：為了幫孩子樹立合宜行為的四個基石，我們需要不斷地實踐。我們需要容忍煩躁，靈活應變，有解題技巧，能夠從他人的角度看事情。

孩子長大成人後

對我來說，養兒育女的感覺有點像這樣：前一分鐘，你的進步非常緩慢，因為幼童的小腿只能邁出很小步。接著，你和孩子會以同樣的速度前進一段時間。之後，孩子會超越你，你需要跑步才能跟上他。最後一段是最長的一段，那也是之前投注那麼多時間、關懷、體恤、尊重、關愛的意義所在。這時孩子可以從安全的依附關係中獲得效益，對世界充滿好奇，有能力知道自己的感受，因此可以找出他在生活中想要及需要什麼。你得到的效益則是，你可以看到孩子展翅高飛去追尋他想要的生活。

這時你在情感上及實務上已經提供孩子一個安全的基礎，所以即使他在途中迷失方向（誰不會偶爾迷失呢？），他也有一個安全的避風港可以折返，為他提供援助和安慰。即使你已經不在那裡（因為我們都是凡人，終將離世），孩子也會在內心找到那個與你建立的安全基礎，那可以幫他回歸正軌。

父母對成年子女的生活感興趣但不加干涉時，對成年子女來說意義重大。你對孩子來說始終是一面鏡子。某種程度上，孩子如何看待自己，多多少少受到你如何因應他、你多喜歡他、你如何問候及瞭解他所影響。孩子即使成年、有自己的孩子或退休的時候，這一切也不會突然停止，仍在持續下去。百歲母親開心地和孩子分享她對孩子的驕傲時，即使孩子已經七十五歲了，那也是很有意義的事。那是有影響的，也是重要的。我們對成年子女的驕傲，對孩子來說意義非凡，那往往比別人的讚賞更重要。不要因為孩子的成功而邀功（除非他想把功勞歸給你），因為這對孩子沒有幫助，但也不要在孩子遇到挫折時逃避你的責任。

修補裂痕永不嫌遲，但在雙方都在世時修補裂痕會更好。作法是尋找你的行為和孩子行為背後的感受，並試圖理解那些感受。例如，成年子女提醒你，你的新情人不適合你，你因此生氣。不要因此認為孩子想要把你佔為己有，或對你無禮，他是關心你、愛你。你可以回應他擔心的部分，而不是回應他告訴你那個麻煩的真相，而導致你想要懲罰他的部分。父母和孩子的角色可能互換，你可能發現孩子在管教你。

讓成年的子女知道，我們犯的錯誤可能導致他做出錯誤的決定，那也有幫助。如果這看起來很不公平，我很抱歉。「這不公平」是我為這本書想書名時，第一個想到的點子，因為成人必須在孩子身上投入大量的時間；而且不管我們投注多少心力，親子教養是沒有保證的。

家長想像自己的職責已大致完成時，可能會想跟孩子較勁。當孩子向家長報告自己的成就時，家長可能覺得他應該要超越孩子的成就或展現其他的成就，這時家長就有可能犯錯。底下茱莉的經歷就是一例。

我告訴我媽，她的孫子在學校表現得很好，她沒有為我們感到高興，而是回我，我妹以前求學時有多優秀，那讓我感到很受傷，而且那根本不是真的。感覺她好像想勝過我一樣，我問她為什麼要跟我較勁，她突然慌了起來，立刻換了話題。

這個例子裡的祖母可能是聽到女兒對兒子的驕傲，才想起她對孩子們的驕傲，但她的表現方式顯然錯了。孩子長大成人後，我們還是跟以前一樣，不要害怕自己錯了，不要為

犯錯而驚慌失措，而是要修補裂痕。那可以幫我們注意以前那種針鋒相對（例如「事實網球」）或爭輸贏的習慣，因為我們認為自己的責任已經完了時，可能會疏忽而犯錯，忘記注意自己的行為，於是那些毫無助益的親子相處方式又再次出現。即使這時孩子都成年了，基於過去的依賴和親子關係，父母對於成年子女如何看待自己及生活，可能還是有很大的影響。我們需要記住這點，以免在無意間推開孩子（像上例那樣），或感覺與孩子融合得太深，而不假思索地讓內心的批判者對孩子妄加批判。

親子關係可能是人生中最重要、影響我們最深的關係。我們需要在孩子成年後持續尊重他、關愛他，以持續呵護親子關係。

就像我建議大家回顧自己的童年，以注意那段經歷如何影響我們的親子教養一樣。如今我們成年後，也可以看父母現在怎麼對待我們。將來我們的孩子成年後，我們可以決定哪些作法要跟父母一樣，哪些作法不要跟父母一樣。

如果我們有幸活得很長壽，在親子關係的最後階段，我們可能得依靠孩子為我們做決定。如果我們學會信任孩子，這對我們和孩子來說都會比較容易。養兒育女意味著，孩子還小時，你是家長；接著，你和孩子都是成人；最後，你可能在成年子女的眼中變成小孩。如果我們可以靈活演繹這些角色，每個人都可以過得更輕鬆。

幫他們穿衣，餵他們吃飯，給他們洗澡，哄他們睡覺……

讓我們回到前言那個搞笑藝人說的笑話，他說你需要為孩子做的四件事是：「幫他們穿衣，餵他們吃飯，給他們洗澡，哄他們睡覺。」做這些事情——亦即為人父母——可能不是你想像的那麼輕鬆，但我希望你做了以下的事情以後，會覺得容易一些：

- 拋開童年留下的障礙，那些障礙阻礙了你的溫情與接納、身體接觸、實體存在與理解。
- 塑造一個安全和諧的家庭環境，讓意見分歧得以安全地化解。
- 孩子需要和不同年齡的人一起同樂，需要撫慰，也需要你投入大量的關注與時間。
- 你可以從孩子的觀點和你自己的觀點來看事情。
- 你可以幫孩子找到表達真實感受的方法（而不是你希望他有的感受），你可以確認及想辦法瞭解他的感受（和你自己的感受）。

・不要急著拯救孩子，而是讓他腦力激盪解決方案。不要急著告訴他該做什麼。

・你藉由界定自己來設定界線，而不是告訴孩子你的界限是什麼。

・你承認你會犯錯。不要為那些錯誤辯解。承認錯誤並做出必要的改變，以修復情況。

・把爭輸贏這種傳統的親子動態撇在一邊，以親子合作取而代之。

換句話說，你珍惜親子關係，因為你知道孩子和你有安全、愛、真實、包容的關係比什麼都重要。

切記，出現問題時，不要只把焦點放在孩子上，不要認為問題出在他身上。仔細觀察你們的關係，看看你們之間發生了什麼，那才是你尋找答案的地方。

無論你和孩子的年紀多大，這些一般規則都適用。

令人驚訝的是，儘管我們犯了種種錯誤，吝於對孩子付出關愛，任意對孩子發洩怒火，匆匆對待孩子，經常瞞著孩子，無法陪伴孩子，不信任孩子，或拒絕從孩子的角度看事情，或過度占有孩子，不讓他分離，或對孩子要求太多，我們和孩子依然連在一起。

誠實勇敢地修復任何裂痕，原諒自己並意識到我們都盡了最大的努力，可以讓親子關係更美好、更牢固。我們可以幫助及鼓勵孩子鎖定他們的願望、希望和夢想去奮鬥，我們可以相信他們。我相信你可以做到。

謝辭

我想感謝已故的父母，他們為我做的事情大多是好的，即使有些作法不太恰當，那對我當心理治療師及作家的職業生涯還是很有幫助。

我懷孕時，知道我想採用一些與父母不同的作法，所以我找了許多書籍來學習，其中最傑出的作品包括：羅伯・費雷斯東（Robert Firestone）的《慈悲的育兒之道》（*Compassionate Childrearing*）；安戴爾・法柏（Adele Faber）與伊蓮・瑪茲利許（Elaine Mazlish）合著的《你會聽，孩子就肯說》（*How to Talk So Kids Will Listen & Listen So Kids Will Talk*）；喬安・拉斐爾—萊夫（Joan Raphael-Leff）的《生育的心理過程》（*Psychological Processes of Childbearing*）。我覺得拉斐爾—萊夫對管控型和引導型家長的看法很寶貴。費雷斯東的書是探討我們不知不覺中從父母傳承下來的不良行為模式，例如內心自我批判的聲音。法柏與瑪茲利許則是描述確認感受的重要。他們的主張一直伴隨著我，在我養育孩子的過程中，給了我很大的幫助和支持，他們都影響了這本書。唐納・溫尼考特（Donald Winnicott）的研究也影響了我，尤其他提到父母何時憎恨或怨恨孩子，以及他為了把這個觀念正常化所做的研究。

從那之後，我又讀了許多書。安妮・墨菲・波兒（Annie Murphy Paul）在《九個月，孩子大不同》（*Origins*）對本書的「懷孕」那章有極大的影響。我推薦準父母閱讀那本書，以及芭芭拉・卡茨・羅斯曼（Barbara Katz Rothman）的《試探性懷孕》（*Tentative Pregnancy: Amniocentesis and the Sexual Politics of Motherhood*）。但書籍不是我獲得知識的唯一寶貴資源，珍奈特・蘭絲柏芮（Janet Lansbury）的部落格JanetLansbury.com對我及這本書影響很大。在如何照顧及瞭解幼兒方面，我非常推薦她的部落格。從她那裡，我瞭解到把孩子的注意力從他的感受轉移開來是不好的作法；不要幫嬰兒坐立起來；以及何時該協助幼兒、何時不該協助（芙蕾雅的個案）。我也是從她的部落格第一次讀到，尊重孩子及關愛孩子一樣重要。我很感謝茱蒂・鄧恩（Judy Dunn）和理查・萊亞德（Richard Layard）在《美好童年》（*A Good Childhood: Searching for Values in a Competitive Age*）中，針對家庭結構以及那對孩子的潛在影響所做的研究。大衛・蘭西（David F. Lancy）的《童年人類學》（*The Anthropology of Childhood*）讓我知道「交感巫術」這個用語，以及「以兒童為中心」或「以成人為中心」親子教養概念，那是以我從拉斐爾—萊夫那裡學到的概念為基礎進一步闡述的。感謝達西亞・納維茲（Darcia Narvaez）的《神經生物學和人類道德發展》（*Neurobiology and the Development of Human*

Morality），她的主張與研究對我來說都相當寶貴，尤其是關於睡眠訓練及其潛在危害的整理研究。羅斯·格林（Ross Greene）的《家有火爆小浪子》（*The Explosive Child*）確實幫我定義及區別孩子的行為何時算是麻煩，我覺得他主張的合作型教養非常實用。他認為，人需要靈活應變、解決問題的技能、容忍煩躁才能表現得體。他也讓我想從孩子的角度寫一封信，以協助父母設身處地瞭解孩子的情況。這些書籍以及其他的參考書籍、部落格、播客、影片都收錄在「延伸閱讀」單元。

我還要感謝很多人，我想從專業人士開始：我要感謝我女兒的中學校長瑪格麗特·康奈爾（Margaret Connell）的智慧，她不僅教育了我女兒，也教了我很多東西，尤其是關於孩子與撒謊方面。我撰寫這本書時，一些同樣擔任心理治療師的同仁與我做了不少交流，我感激不盡。我要特別感謝加州部落地帶中心（Tribal Ground）的友人桃樂西·查理斯（Dorothy Charles），她幫我完成了「輸贏動態」的內容。我們的談話以及她對初稿的意見都非常實用。柏林「活體中心」（The Living Body）的完形治療師朱莉安·艾普爾—奧珀（Julianne Appel-Opper）幫我完成這本書裡的許多概念，尤其是關於交流、互動，以及她提出的「依附理論」比喻。她讀了這本書的草稿，給了我一些寶貴的意見。若是沒有她，這本書會遜色許多。我們花了四天的時間在東德的spa中心進行腦力激盪，為這本書構思想法。我很期待在完成寫作任務後，再次與她好好地休息一番。南威爾斯大學的尼古拉·布倫登（Nicola Blunden）和我組成兩人寫作小組，我們一起住在南唐斯（South Downs）的一間小屋時，我們交流的想法讓我受益匪淺。倫敦「健康談話」事業（Talk for Health）的創辦人兼執行長妮姬·福賽斯（Nicky Forsythe）設計了「你對自己的情緒有多滿意？」的練習。「如何改善交流」練習是從她在「健康談話」中傳授的「如何傾聽」練習改編而來的。我要感謝作家溫蒂·瓊斯（Wendy Jones），我撰寫本書陷入低潮時，她為我做了完形雙椅治療，也就是說，她引導我和這本書進行對話，我因此更清楚寫作的方向。感謝彈跳工作坊（Bounce Works）的兒童與家庭治療師路易·溫斯托克（Louis Weinstock）的鼓勵，以及針對科技與培養預設情緒所提出的意見。我也要感謝記者兼心理治療實習生蘇珊娜·摩爾（Suzanne Moore），「不僅愛孩子，也喜歡孩子」那句話是她說的。她的話令我印象深刻，也影響了這本書的思想。感謝倫敦靜點空間（Stillpoint Spaces）的艾倫·巴力克（Aaron Balik），他讓我使用靜點空間的設施來進行編輯。感謝諸位大方地撥出時間、分享想法、給予鼓勵與關愛。沒有你們，我不可能完成這本書。

我想要放棄時，女兒弗洛讀了我亂七八糟的初稿，並懇請我堅持下去。她也為後續幾版的草稿提出建議。她說服我相信這是值得繼續下去的案子，若不是她，我不可能完成這本書。她也非常大方，成為本書中唯一以真名一再出現的案例。我從弗洛身上學到許多人生的道理。從她的眼睛重新觀察這個世界，讓我成為更好的作家；更重要的是，我也因此變成更好的人。弗洛也介紹我認識漢娜・傑威爾（Hannah Jewell），她來與我同住，是很棒的寫作夥伴。我非常感謝我先生葛瑞森（Grayson）在育兒過程中所付出的愛、勇氣與真實。親眼目睹他和弗洛的親子關係，也讓他目睹我和弗洛的親子關係，相當美好。在寫這本書的過程中，他幫我承受了許多痛苦，而且無怨無悔。我也要感謝許多朋友長期以來給我的鼓勵，特別感謝：珍妮・李（Janet Lee）、尤蘭達・瓦斯克斯（Yolanda Vazquez）、強尼・菲力浦斯（Jonny Phillips）、阿爾巴・莉莉・菲力浦斯－瓦斯克斯（Alba Lily Phillips-Vazquez）、海倫・巴格納爾（Helen Bagnall）。我寫這本書陷入膠著時，巴格納爾幫我拍了一張照片。後來比較開心的時候，她又幫我拍了一張。她、狄肯・唐斯（Diccon Towns）、茱麗葉・羅素（Juliet Russell）也在沙龍倫敦（Salon London）和奧索節（Also Festival）上向觀眾介紹我，對我幫助很大。這些人在我寫這本書的過程中一直陪伴著我，我很愛他們。我也很感謝一些不常見面、但經常在網路上聊天的朋友。他們也讓我振作起來：感謝羅絲・博伊特（Rose Boyt），她針對手稿提出實用的建議；感謝達米安・巴爾（Damian Barr），他邀請我在薩沃伊宴會廳（Savoy Ballroom）的「文學沙龍」上，向他的觀眾朗讀這本書的草稿；感謝克雷爾．康維爾（Clare Conville）邀請我參加好奇藝術節（Curious Arts Festival），讓我有機會把這本書裡的一些概念套用在現場觀眾身上。這些朋友給了我勇氣，我很需要這種勇氣。

為了尋找書中的個案，我和許許多多的父母談過。未收錄在書中的案例和那些收錄的案例一樣寶貴，因為他們塑造及強化了我的思維，教我為人父母是什麼樣子，幫我看到我為人父母及為人子女的觀點只是眾多的觀點之一。我不僅和很多父母談過，很多父母也寫信給我，參加我的調查，與我在網路上交談，或透過《紅》（*Red*）雜誌聯繫我（我在那裡開了一個答問專欄）。有些父母是我的心理治療客戶，我非常感謝所有家長的參與。

我也要感謝我有幸接觸及學習的兒童、青少年和成年子女，尤其是我的客戶。他們一次又一次地向我展示，嬰幼兒期形成的感受、思想、反應模式，可能在一個人身上長期停留。我感謝你們每一位，因為你們一直都是我的老師。我要特別感謝這本書中化名為「吉娜」的客戶，因為她不僅提供我個案當素材，也指出草稿中的錯誤，她一直很忠實地支持著我的研究。

我也要感謝很多老師。瑪麗亞．吉伯特（Maria Gilbert）和戴安娜．斯穆克勒（Diana Smukler）這兩位教授主持一個心理治療師的閱讀與指導小組，在本世紀初的那幾年，那個小組每月聚會一次。在那個小組中，我們討論許多關係精神分析的概念、理論和想法，我也把那些概念應用在本書的親子教養中。但那兩位教授不僅提供想法而已，他們的鼓勵也強化了我對自己的信心。我的分析師安德魯·撒謬爾教授（Andrew Samuels）也令我鼓舞，他讓我看到，權威人物允許自己展露脆弱、不確定、真實時，並不會失去權威。他也對我說過，治療師分兩種，一種參加工作坊，另一種主持工作坊。他說我入錯了小組，並給了我迫切需要的改變動力。我的分析可能幾年前就結束了，但它的正面影響仍持續至今。我很感謝我遇過的所有治療師。透過治療，我瞭解到身處在人際關係中的流程。那些知識大多可以應用在任何關係上，尤其是親子關係。

感謝我的經紀人卡洛琳娜·薩頓（Karolina Sutton），她請我去吃午餐，問我對寫書有沒有想法。我告訴她，我可以寫一本書，談親子關係的重要，作為一種另類的教養手冊。我還沒決定要不要寫這本書之前，她已經安排我和企鵝蘭登書屋的威提雅·巴特菲爾德（Ventia Butterfield）見面。從來沒有人為了一本書的撰寫共進那麼多次午餐，巴特菲爾德多次找我一起共進午餐，我們常聊到為人父母的經歷，我想我們的想法是一致的。後來，她拿到初稿，但她不喜歡。我們經歷了關係的破裂與修復的過程，並一起找到雙方都喜歡的形式。我們本來可以相互逃避，但我們沒有。我相信偏離正軌的關係可以重新步上正軌，並因此變得更牢固、更美好。這種破裂與修復的概念是本書的重點，巴特菲爾德和我也以出版商和作家的身份經歷了這個過程。謝謝巴特菲爾德當初的堅持。我也想感謝艾美・朗哥斯（Aimee Longos）、傑克・拉姆（Jack Ramm）、莎拉・戴（Sarah Day）的編輯意見。

最後，如果你還在閱讀，在我提到「認識我的任何人」之前（彷彿我是參加Radio 2益智競賽節目的參賽者一樣），我必須感謝我在《紅》雜誌的前同事，他熟練地編輯我的答問專欄好幾年，也編輯了這本書，讓整本書完全脫胎換骨。布里姬・莫斯（Brigid Moss）提出了各種正確的問題，並要求我回答。妳真是完美的明星，才華橫溢的作家兼編輯，也是令人敬畏的家長，我愛妳。

我也要感謝認識我的任何人。這也許聽起來微不足道，但我們都互相影響，塑造彼此，相互扶持。例如，在玩樂那個單元提到的「變裝派對」是一歲的艾斯米（Esme）設計的遊戲。約二十年前，她的父親蓋伊・史坎特伯里（Guy Scantlebury）幫我打造一個新廚房。有時他來上工時，神情顯得相當疲憊。他解釋那是因為孩子「清晨五點玩變裝派對」。

菲莉帕・派瑞　二〇一八年九月

Christine Hooper and Margaret Thompson, *Child and Adolescent Mental Health: Theory and Practice* (CRC Press: 2012; 2nd edn)

4. Janet Lansbury, *Elevating Child Care: A Guide to Respectful Parenting* (CreateSpace Independent Publishing Platform: 2014)
   ——, *No Bad Kids: Toddler Discipline without Shame* (CreateSpace Independent Publishing Platform: 2014)
5. Ian Leslie, *Born Liars: Why We Can't Live without Deceit* (Quercus: 2012)
6. Ruth Schmidt Neven, *Emotional Milestones from Birth to Adulthood: A Psychodynamic Approach* (Jessica Kingsley Publishers Ltd: 1997)
7. Victoria Talwar and Kang Lee,'A Punitive Environment Fosters Children's Dishonesty: A Natural Experiment' (https://www.ncbi.nlm.nih.gov/pmc/articles/PMC3218233/)

2012)

7. Janet Lansbury, *Elevating Child Care: A Guide to Respectful Parenting* (CreateSpace Independent Publishing Platform: 2014)
   ——, *No Bad Kids: Toddler Discipline without Shame* (CreateSpace Independent Publishing Platform: 2014)
8. W. Middlemiss et al.,'Asynchrony of Mother-Infant Hypothalamic-Pituitary-Adrenal Axis Activity following Extinction of Infant Crying Responses Induced during the Transition to Sleep' (https://www.ncbi.nlm.nih.gov/pubmed/21945361)
9. Maria Montessori, *The Absorbent Mind* (BN Publishing: 2009)
10. S. Myriski et al.,'Digital Disruption? Maternal Mobile Device Use is Related to Infant Social- Emotional Functioning' (https://www.ncbi.nlm.nih.gov/pubmed/28944600)
11. Darcia F. Narvaez,'Avoid Stressful Sleep Training and Get the Sleep You Need: You Can Survive the First Year Without Treating Your Baby Like a Rat' (https://www.psychologytoday.com/blog/moral-landscapes/201601/avoid-stressful-sleep-training-and-get-the-sleep-you-need)
    ——,'Child Sleep Training's "Best Review of Research"： Sleep Studies are Multiply Flawed Plus Miss Examining Child Wellbeing' (https://www.psychologytoday.com/blog/moral- landscapes/201407/child-sleep-training-s-best-review-research)
    ——, *Neurobiology and the Development of Human Morality* (W. W. Norton & Co.: 2014)
12. Barry Schwartz, *The Paradox of Choice: Why More is Less* (Harper-Perennial: 2005)
13. Jack P. Shonkoff and Andrew S. Garner,'The Lifelong Effects of Early Childhood Adversity and Toxic Stress' (http://pediatrics.aappublications.org/content/early/2011/12/21/peds.2011- 2663.short)
14. Ed Tronick, *The Neurobehavioral and Social-Emotional Development of Infants and Children* (W. W. Norton & Co.: 2007)

第六部分：行為：所有的行為都是溝通

1. Hannah Ebelthite,'ADHD: Should We be Medicalising Childhood?, (http://www.telegraph.co.uk/health-fitness/body/adhd-should-we-be-medicalising-childhood/)
2. Adele Faber and Elaine Mazlish, *How to Talk so Teens Will Listen and Listen so Teens Will Talk* (Piccadilly Press: 2012)
3. Ross Greene, *The Explosive Child* (Harper Paperbacks: 2014)

第四部分：奠定基礎

關於乳房爬行的更多資訊：http://breastcrawl.org/science.shtml

1. Beatrice Beebe and Frank M. Lachmann, *The Origins of Attachment: Infant Research and Adult Treatment* (Routledge: 2013)
2. John Bowlby, *A Secure Base* (Routledge: 2005)
3. Barbara Katz Rothman, *The Tentative Pregnancy: Amniocentesis and the Sexual Politics of Motherhood* (Rivers Oram Press: 1994; 2nd edn)
4. David F. Lancy, *The Anthropology of Childhood* (Cambridge University Press: 2014; 2nd edn)
5. Janet Lansbury's blog: JanetLansbury.com
6. Brigid Moss, *IVF: An Emotional Companion* (Collins: 2011)
7. Annie Murphy Paul, *Origins: How the Nine Months before Birth Shape the Rest of Our Lives* (Hay House: 2010)
8. Joan Raphael-Leff, *Parent-Infant Psychodynamics* (Anna Freud Centre: 2002)
9. ——, *Psychological Processes of Childbearing* (Centre for Psychoanalytic Studies: 2002; 2nd rev. edn)

第五部分：心理健康的條件

1. Beatrice Beebe et al., 'The Origins of 12-Month Attachment: A Microanalysis of 4-Month Mother-Infant Interaction' (https://www.ncbi.nlm.nih.gov/pmc/articles/PMC3763737/)
2. Ruth Feldman,'Parent-infant Synchrony and the Construction of Shared Timing; Physiological Precursors, Developmental Outcomes, and Risk Conditions, *Journal of Child Psychology and Psychiatry* (Wiley Online Library: 2007)
——,'Biological Foundations and Developmental Outcomes' (http://journals.sagepub.com/doi/10.1111/j.1467-8721.2007.00532.x)
3. Tracy Gillett,'Simplifying Childhood May Protect against Mental Health Issues' (http://raisedgood.com/extraordinary-things-happen-when-we-simplify-childhood/)
4. Maya Gratier et al., 'Early Development of Turn-taking in Vocal Interaction between Mothers and Infants' (https://www.ncbi.nlm.nih.gov/pmc/articles/PMC4560030/)
5. Elma E. Hilbrink, Merideth Gattis and Stephen C. Levinson,'Early Developmental Changes in the Timing of Turn-taking: A Longitudinal Study of Mother-Infant Interaction' (https://www.ncbi.nlm.nih.gov/pmc/articles/PMC4586330/)
6. Oliver James, *Love Bombing: Reset Your Child's Emotional Thermostat* (Routledge:

延伸閱讀

第一部份：親子教養的傳承

1. Steven J. Ellman,'Analytic Trust and Transference: Love, Healing Ruptures and Facilitating Repairs' (Ph.D., pp. 246-63, published online 25 June 2009)
2. Robert Firestone, *Compassionate Childrearing* (Plenum Publishing/ Insight Books: 1990)
3. John Holt, *How Children Fail* (Penguin: 1990)

第二部分：孩子的環境

1. Judy Dunn and Richard Layard, *A Good Childhood: Searching for Values in a Competitive Age* (Penguin Books: 2009)
2. Emily Esfahani Smith, 'Masters of Love. Science Says Lasting Relationships Come down to - You Guessed It - Kindness and Generosity' (https://www.theatlantic.com/health/archive/2014/06/happily-ever-after/372573/)
3. John M. Gottman, *The Seven Principles for Making Marriage Work* (Prentice Hall and IBD: 1998)
4. Virginia Satir, *Peoplemaking* (Souvenir Press: 1990)
5. D. W. Winnicott, *Home is Where We Start From: Essays by a Psychoanalyst* (Penguin: 1990)

第三部分：感受

1. Dr Tom Boyce, *The Orchid and the Dandelion* (Penguin: 2019)
2. Adele Faber and Elaine Mazlish, *How to Talk so Kids Will Listen and Listen so Kids Will Talk* (Piccadilly Press: 2012)
   ——, *Siblings without Rivalry* (Piccadilly Press: 2012)
3. Jerry Hyde, *Play from Your Fucking Heart* (Soul Rocks: 2014; reprint)
4. Janet Lansbury, 'Five Reasons We Should Stop Distracting Toddlers and What to Do Instead' (http://www.janetlansbury.com/2014/05/5-reasons-we-should-stop-distracting-toddlers-and-what-to-do-instead/)
5. Adam Phillips, Video on pleasure and frustration (https://www.nytimes.com/video/opinion/100000001128653/adam-phillips.html)
6. Naomi Stadlen, *What Mothers Do* (Piatkus: 2005)
7. Donald Winnicott, The 'Good-enough Mother' radio broadcasts (https://blog.oup.com/2016/12/winnicott-radio-broadcasts/)

一本你希望父母讀過的書（孩子也會慶幸你讀過）

作　　者　菲莉帕・派瑞 Philippa Perry
譯　　者　洪慧芳

副 社 長　陳瀅如
總 編 輯　戴偉傑
編　　輯　陳品潔、李佩璇、邱子秦
封面設計　比比司設計工作室
行銷企畫　陳雅雯、張詠晶

出　　版　木馬文化事業股份有限公司
發　　行　遠足文化事業股份有限公司（讀書共和國出版集團）
地　　址　231 新北市新店區民權路 108-4 號 8 樓
傳　　真　（02）2218-1417
電　　話　（02）2218-0727
Email　service@bookrep.com.tw
郵撥帳號　19588272 木馬文化事業股份有限公司
客服專線　0800221029
法律顧問　華洋法律事務所 蘇文生律師
印　　刷　成陽印刷股份有限公司

初版一刷　2020年 4月
初版30刷　2024年 5月
定　　價　360 元

Original English langage edition first published by Penguin Books Ltd,London

國家圖書館出版品預行編目（CIP）資料

一本你希望父母讀過的書（孩子也會慶幸你讀過）/ 菲莉帕.派瑞（Philippa Perry）著；洪慧芳譯. -- 初版. -- 新北市：木馬文化出版：遠足文化發行，2020.04
面；　公分
譯自：The book you wish your parents had read（and your children will be glad that you did）
ISBN 978-986-359-775-9（平裝）

1.親職教育 2.親子關係

528.2　　109002525